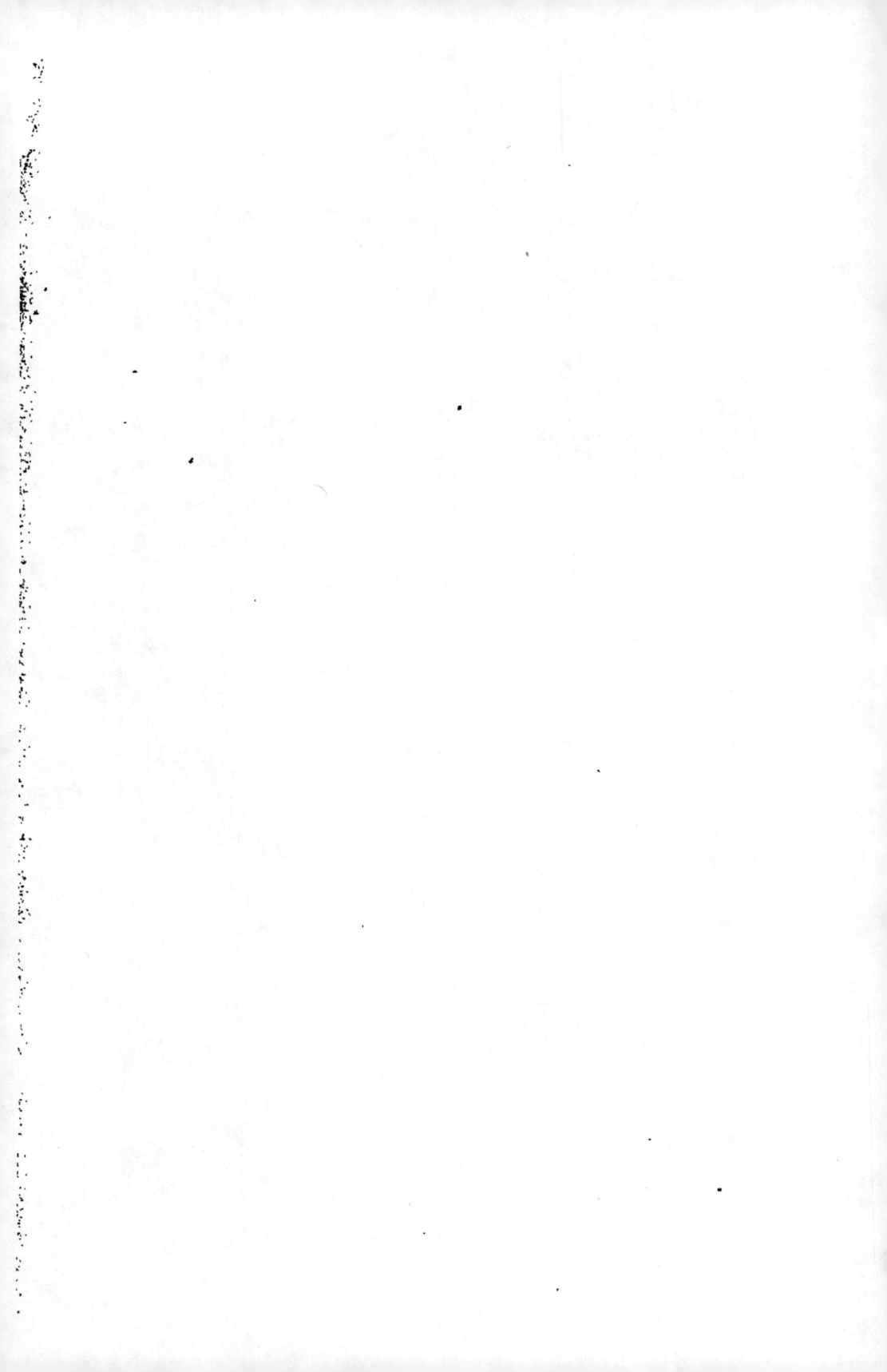

G

BIBLIOTHÈQUE

PORTATIVE

DES VOYAGES.

TOME XII.

CONDITIONS DE LA SOUSCRIPTION.

L'ouvrage sera publié en 12 *livraisons*, qui seront mises en vente de mois en mois, à dater du 15 *Mai* ; chaque livraison sera composée de 4 volumes ; la dernière seule en aura 5, et sera néanmoins du même prix que les précédentes.

Le prix de chaque livraison, pour les personnes qui souscriront avant le 1er *Juillet prochain*, est fixé, sur papier fin, à . . 5 fr.

Papier d'Angoulême, Nom-de-Jésus. 8

Papier vélin satiné, fig. avant la lettre. 10

Papier vélin satiné, Nom-de-Jésus, figures avant la lettre 15

Passé le 1er Juillet, le prix pour les non-souscripteurs, sera, en papier fin. . 6

Papier d'Angoulême, Nom-de-Jésus. 10

Papier vélin satiné. 12

Papier vélin satiné, Nom-de-Jésus . 20

Il faut ajouter 1 fr. 50 c. au prix de chaque livraison pour recevoir l'ouvrage franc de port par la poste.

ON NE PAYE RIEN D'AVANCE.

DE L'IMPRIMERIE DE G. MUNIER.— AN VII.

BIBLIOTHÈQUE

PORTATIVE

DES VOYAGES,

TRADUITE DE L'ANGLAIS

Par MM. HENRY *et* BRETON.

TOME XII.

~~~~~~~~~

VOYAGE DE NORDEN.

TOME III.

PARIS,

Chez M. Ve LEPETIT, libraire, rue
Pavée-Saint-André-des-Arcs, n.º 2.

1817.

VOYAGE

D'ÉGYPTE

ET DE NUBIE.

SUITE
DE LA SEPTIÈME PARTIE.

DOUBE,

VILLAGE, où j'aurois souhaité mettre pied à terre, pour voir de près quelques anciens édifices; mais le vent étoit bon, et l'on voulut en profiter. Il fallut donc me conten- ter de dessiner de loin ces anti- quités.

Tome III.   A

Je remarquai un grand et long édifice, bâti de grandes pierres de taille, fermé de toutes parts, à l'exception de la façade, où il y a une grande porte, et comme deux fenêtres de chaque côté, fermées. par quatre colonnes.

Au haut de l'édifice règne une simple corniche, au-dessous de laquelle, ainsi qu'aux quatre angles, est le cordon que l'on voit d'ordinaire dans les bâtimens égyptiens.

Cet édifice est entouré d'une muraille assez haute, et qui est fort endommagée, sur-tout vers le portail.

A la droite, on voit un morceau de muraille de grandes pierres carrées, qui aboutissent à ce bâtiment.

Vis-à-vis de la façade, il y a une file de trois portails, qui semblent faire le passage pour conduire à un canal de quarante pieds de largeur, et dont la sortie aboutit au Nil. Ce canal est ruiné et rempli de sable. On ne laisse pas de remarquer néanmoins, que ses bords étoient revêtus d'une épaisse muraille, faite de grands blocs de pierres.

On voit outre cela une grande masse d'une mauvaise maçonnerie moderne, qui déshonore ces anciens bâtimens, et rend leur aspect un peu confus.

On peut s'apercevoir qu'il y a des colonnes au-dedans du principal édifice, qui, à ce qu'on en peut juger, a servi anciennement de temple.

A 2

HINDAU,

Village où l'on aperçoit quatre à cinq colonnes, qui sont des restes de quantité d'anciens bâtimens qu'il y a eu dans ce quartier. En effet, dans l'espace de plus d'un quart de lieue, on remarque de tous côtés des murailles et des fondemens d'édifices superbes ; mais il seroit difficile d'en donner une description exacte ; car tout y est ruiné, percé d'outre en outre, et presque couvert de sable.

HOUVAED,

Est à une lieue et demie plus haut,

OUMBARAKAEB.

Ces deux villages sont sur la rive.

occidentale du Nil ; et c'est un peu plus haut que l'on rencontre les confins de l'Egypte et de la Nubie.

ELL KALABSCHE et TESTA,

Villages. Le premier est à l'orient , et le second à l'occident du Nil. Ils sont peu de chose par eux-mêmes. Il y a cependant, auprès de Testa, quelques restes de bâtimens anciens. Ces bâtimens , ainsi que ceux dont j'ai parlé , en dernier lieu , sont construits de pierres blanches, parfaitement bien jointes les unes avec les autres.

Nous n'étions pas à un coup de fusil de ces villages, qu'il nous arriva un accident, qui nous fit connoître le caractère de leurs habitans. A huit heures du soir, on nous

cria que la barque devoit mettre à
terre. Le Raïs en demanda la raison. On lui répondit qu'on vouloit
voir les Francs qu'il conduisoit, et
qu'ils donnassent quelque chose des
richesses qu'ils portoient avec eux.
Le Raïs s'en moqua, et dit qu'il
n'approcheroit point du bord. Là-
dessus on nous tira deux coups de
fusil, un de chaque côté du fleuve;
et quoiqu'il fît assez sombre, on
visa assez bien pour que nous pussions entendre siffler les balles. Nous
répondîmes sur-le-champ à cette
insulte par une décharge de sept
fusils, en tirant vers les deux endroits d'où les voix s'étoient fait
entendre. Mais nos ennemis s'é-
toient cachés derrière des pierres;
ainsi nous ne leur fîmes pas grand

mal. Ils gardèrent quelque temps le silence ; mais ils reprirent courage, et ils recommencèrent à tirer, et à nous dire des injures. Ce jeu ne nous plaisoit point, et nous leur criâmes que s'ils ne se tenoient pas tranquilles , nous mettrions effectivement à terre , et que nous les exterminerions entièrement. Nous ne les entendîmes plus , et nous ne laissâmes pas , quelque temps après, faute de vent, et parce qu'il étoit nuit , d'attacher notre barque aux environs de

BERBETOUHOUD,

Village situé sur le bord occidental du Nil. Durant toute la nuit , nous fîmes bonne garde. Vers le matin, (samedi 28 décembre) il se leva un peu de vent ; mais le calme ayant recommencé peu de temps après, nous approchâmes de la rive occidentale, et nous arrêtâmes devant un village, nommé

SCHERCK ABOHOUER.

Son district a près de deux lieues d'étendue. Notre pilote étoit de cet endroit-là. Il nous assura que nous trouverions ses compatriotes honnêtes gens ; et que nous pouvions descendre en toute sûreté chez eux. L'événement le confirma, et je puis leur rendre cette justice.

Comme le calme nous retint à Scherck Abohouer, le dimanche, 29, jusqu'à midi, j'en visitai les environs ; et du côté du nord, à la portée du fusil, je trouvai le long du du Nil, un quai antique. Il est fait de carreaux de pierres, toutes taillées en prisme, et si bien jointes l'une avec l'autre, qu'il n'y avoit pas le moindre espace entre deux. Le côté qui bordoit le Nil, étoit tout uni.

A quelque distance de là, il y avoit cinq à six cabanes, bâties de pierres entièrement couvertes de hiéroglyphes. Je cherchai dans le voisinage, si je ne pourrois pas remarquer l'édifice d'où on les avoit tirées, mais je n'aperçus qu'un amas de pierres. Tout étoit détruit. Les pierres de ces ruines étoient aussi couvertes de hiéroglyphes, tous d'une bonne main, mais qui n'avoient jamais été peints.

La plus grande largeur du terrain, depuis les montagnes jusqu'au bord du Nil, n'est dans ce district que de cent pas. Si dans quelques endroits, il a un peu plus d'étendue, dans d'autres, il en a beaucoup moins.

Nous achetâmes à Scherck Abo-houer, une génisse, pour quatre sévillans. Elle nous avoit paru en assez bon état ; mais quand on l'eut tuée, nous y trouvâmes plus d'os que de chair.

A midi, il sembla qu'il se levoit un peu de vent ; et nous mîmes à la voile. Ce ne fut pas pour long-temps. Le calme, qui revint aussi-tôt, nous obligea de remettre à terre, devant

GARBE ABOHOUER,

Village situé à l'occident du Nil, vis-à-vis de Scherck Abohoüer.

Le 30 décembre, à huit heures du matin, le vent se trouvant bon, nous mîmes aussitôt à la voile, et nous fîmes route. Vers midi, nous approchâmes d'une île, située entre

SCHERCK GIRCHE,

ET GARBE GIRCHE.

Ce dernier village se trouve à l'occident du Nil. Il y a des ruines considérables sur les montagnes des environs, mais ces ruines ne sont pas anciennes. Il paroît que ce sont des restes de quelques maisons, que l'on avoit bâties, pour s'y retirer.

Entre Scherck Girche et Garbé Girche, se trouve le passage le plus difficile qu'il y ait dans tout le cours du Nil. Toute la largeur du fleuve est remplie d'écueils, cachés sous l'eau, qui a une grande profondeur aux côtés de ces écueils, dont les entre - deux ne forment que des gouffres avec des tournoiemens, ou des tourbillons. Nous nous y prîmes avec toute la précaution que demandoit un passage si périlleux. Ce qu'il y avoit de plus triste, c'est que la barque n'obéissoit point au gouvernail. Nous donnâmes sur un rocher, et nous y restâmes dans une situation effrayante. La barque avoit été prise, précisément par le milieu; et l'eau nous faisoit tourner sur le rocher comme sur un pivot.

Il y avoit trop de profondeur pour que nos gens se missent à l'eau, au fond de laquelle la perche ne pouvoit pas atteindre. Le Raïs voulut persuader à ses gens de sortir avec une corde, et de tirer la barque à la nage; mais ils lui représentèrent que les tournoiemens de l'eau les empêcheroient de nager. Nous nous voyions dans une péril imminent. Heureusement, le courant et le vent battoient la barque tout à-la-fois : ce fut son salut. Elle se dégagea par là d'elle-même. Pour surcroît de bonheur, le vent se trouvoit assez fort, et nous en profitâmes si bien, qu'au bout de quelque temps, nous fûmes hors de danger.

Notre surprise fut grande, lorsqu'après notre délivrance, nous aperçumes le Raïs et tout son équipage, s'armer de fusils et de pistolets. La première pensée qui nous vint, fut qu'ils avoient formé quelque mauvais dessein contre nous. Néanmoins il fallut dissimuler, pour ne pas leur donner à penser que nous étions capables de prendre l'alarme. De son côté le Raïs s'étonnoit de ce que nous n'en faisions pas autant ; et il nous fit dire enfin que nous ferions bien de suivre son exemple, parce que dans peu, nous rencontrerions un endroit, où nous ne manquerions pas sans doute d'être attaqués. Quand nous lui en demandâmes la raison, il nous répondit que les gens du pays étoient si mauvais qu'ils ne laissoient presque jamais passer de barque , sans tirer dessus ; et que s'ils la pouvoient forcer d'approcher de la terre, ils la pilloient impunément. « Ils sont « si méchans, » ajouta-t-il, « que le « Cachef lui-même n'ose s'exposer à « aller chez eux. »

Comme nous avions toujours nos fusils en état, nous feignîmes de ne pas nous embarrasser de ce que le Raïs nous disoit ; et pour lui donner encore meilleure idée de notre intrépidité, je lui fis demander de me mettre à terre, pour aller revoir les ruines antiques de Garbe Girche. A ces mots, il jeta un cri épouvantable, et jura par tout ce qu'il connoissoit de plus sacré, qu'il ne consentiroit point absolument à ma demande. Ce n'étoit pas non plus mon intention : aussi n'insistai-je pas beaucoup là-dessus.

Enfin nous arrivâmes à l'endroit redoutable ; et nous n'y vîmes qu'une douzaine de Barbarins, assis au bord du Nil, et qui tenoient chacun leur zagaie à la main. Mais ils demeurèrent tranquilles, sans nous demander seulement d'où nous venions.

Lorsque notre Raïs et notre équipage se crurent hors de danger, ils en témoignèrent leur joie du mieux qu'ils purent ; et c'étoit un vrai plaisir d'entendre chacun d'eux raconter comment il s'y seroit pris, si nous avions été attaqués.

Les deux villages où ces perturbateurs du repos public se tiennent, sont situés sur les bords du Nil. Celui qui est sur la rive orientale s'appelle

GESCH STOBNE.

L'autre, à l'opposite, se nomme

SABAGOURA.

Comme le vent continuoit à être favorable, nous en profitâmes bientôt, et nous fîmes route.

SCHEMEDE RESCHIED.

Nous attachâmes la barque auprès de ce village, qui est situé sur la rive occidentale du Nil.

Le fleuve commence ici à devenir plus large qu'il ne l'est depuis la première cataracte, comme il est aisé de s'en apercevoir sur la carte. Cependant sa situation continue à être la même, si ce n'est que les rochers de granit ont continué un peu au-dessus de l'île d'ell

Heist, et que les montagnes et les
rochers de ce canton sont d'une
pierre sablonneuse, mêlée de cail-
loux et couverte de sable et de pe-
tites pierres. Du reste tout le pays
est fort fertile.

Mardi, 31 décembre.

Nous restâmes toute la nuit auprès de Schemede Reschied. Nous
ne mîmes à la voile que vers les sept
heures du matin; et peu de temps
après, il m'arriva une aventure
assez plaisante, et qui donne en
quelque sorte occasion de juger du
génie du peuple chez lequel nous
voyagions.

J'étois sorti de ma tente pour
confronter les noms des endroits,
où nous avions passé le jour pré-

cédent. Le Raïs et le valet Juif
étoient assis auprès de moi. Ils me
répétoient les noms que j'avois déja
écrits ; et je les corrigeois d'après
leur prononciation.

Sur ces entrefaites, un passager
Barbarin, qui n'étoit pas fort éloigné de nous, se lève, saute sur moi,
s'empare du papier que je tenois, le
déchire, et se retire ensuite tranquillement à sa place, où il s'assied
comme si de rien n'étoit. Je ne savois que dire de cette insolence ; et
je réfléchissois si je me fâcherois, ou
non, lorsque le Raïs et les autres
personnes, qui étoient présentes, se
mirent à éclater de rire. Je voulus
en savoir la raison ; et après beaucoup de discours, on m'expliqua à
la fin le mystère. Le Barbarin ne

vouloit pas que je connusse l'endroit d'où il étoit. Il en donnoit pour raison, qu'il pourroit arriver que je retournerois, dans quelques années, en Nubie ; et qu'y amenant plus de monde avec moi, je me rendrois maître du pays ; que si je connoissois le village où il étoit né, et si j'en avois le nom par écrit, ce ce village ne manqueroit pas d'être pris comme les autres ; que c'étoit uniquement à cause de cela, qu'il m'avoit ôté le papier, où j'allois écrire le nom.

J'eus bien de la peine à m'empêcher de rire de la simplicité de cet homme ; mais pour prévenir les conséquences d'une pareille fantaisie, je pris un grand sérieux ; et je fis dire au Raïs qu'il devoit approcher du du bord du fleuve, et mettre à terre cet insolent. La barque, ajoutai-je, est toute à nous. Ce n'est que par grace que nous donnons passage à quelqu'un ; et lorsqu'il se conduit mal, nous le chassons.

Le Raïs fut prompt à obéir. Il tourna aussitôt la barque vers la terre. Notre Barbarin qui s'en aperçut, me vint prier humblement de ne pas le chasser, et promit de se mieux comporter à l'avenir. Je me laissai gagner. Il obtint la permission de demeurer ; et depuis ce temps-là, il fut tranquille et fort serviable.

SABOUA.

Il y a dans le voisinage quelques antiquités remarquables.

Tome III. C

Nous n'avions ici autour de nous que des montagnes et des roches sablonneuses. Le pied de ces montagnes étoit en talus, et cultivé jusqu'à la hauteur, où les eaux du Nil étoient parvenues dans son débordement. Le bas de ce terrain étoit rempli de haricots et de lupins, qu'on y avoit plantés; et le haut étoit couronné de buissons d'épines, qui y venoient d'eux-mêmes.

Le mercredi, premier janvier 1738, nous approchâmes, après midi, d'un village, situé sur la rive orientale. On le nomme

KOROSKOF.

On nous avoit crié d'y amener la barque à terre. Nous obéîmes, et l'on nous apprit que le *Schor-*

batschie, père du Cachef Ibrim, y étoit dans sa maison de campagne. Nous descendîmes alors, et j'allai voir cette puissance. J'étois accompagné du frère de l'Aga d'Essouan, du Raïs, du Juif et du janissaire.

Nous trouvâmes sa seigneurie, assise au milieu de la campagne, exposée à toute l'ardeur du soleil, et occupée à décider un procès entre deux Barbarins, au sujet d'un chameau. Cet officier étoit on ne peut plus mal vêtu. Une vieille serviette, autrefois blanche, faisoit son turban; et un habit rouge, encore plus vieux, couvroit assez mal son corps, qui paroissoit à nu à travers les trous.

En l'abordant, je le saluai de la

manière ordinaire ; mais comme il
.vit que je ne lui apportois point de
présent, il ne me fit pas grand ac-
cueil. Il ne me pria pas même de m'asseoir. Je ne laissai pas de le faire
sans sa permission, et je lui remis
les lettres de l'Aga d'Essouan, et
celles que son fils nous avoit don-
nées pour de l'argent. Il mit celles-
ci dans son turban ; mais il lut les
autres avec beaucoup d'attention.
Cela fait, il se tourna vers les plai-
deurs, qui sembloient vouloir chacun gagner leur procès à force de
crier. Le Schorbatschie y mêloit
quelquefois sa voix, et se faisoit
si bien entendre, qu'on ne pouvoit
pas douter qu'il ne fût le juge.

Comme le procès avoit l'air de
ne pas finir de sitôt, je dis au Juif

de parler à l'Effendi qui étoit présent, afin qu'il engageât le Schorbatschie à nous expédier promptement. L'Effendi eut cette complaisance ; et sur ce que le Schorbatschie apprit de lui que le Juif étoit mon interprète, il le fit appeler, et lui demanda pourquoi je ne lui avois pas apporté quelque bon présent. Le Juif, qui étoit au fait du métier, répondit : « Tu vas bien « vîte. Comment ! tu demandes un « présent, avant de lui avoir rendu « le moindre service ? va ! montre-« toi son ami, et tu verras qu'il le « paiera bien. »

Cette flatteuse espérance changea entièrement notre homme. Il prit un air de douceur, il recommença à me saluer, et il me fit dire que

nous n'avions qu'à nous en aller à
Derri, où il seroit aussitôt que nous;
que là, nous parlerions d'affaires,
et qu'il feroit en sorte que nous serions contens. En même temps, il
donna ordre à son fils de me conduire à sa maison de campagne,
de me la faire voir, et d'envoyer
un mouton pour présent à la barque.

Je vis donc ce lieu de plaisance,
que je serois tenté de qualifier plutôt du titre d'écurie; et pendant que
je m'occupois à le regarder, mon
conducteur s'appliquoit à choisir
entre sept à huit chèvres, la plus
maigre qu'il pourroit trouver. Il y
réussit, et il eut la satisfaction de voir
tous les domestiques approuver son
choix.

Lorsque nous retournâmes à la barque, le Juif me raconta, chemin faisant, que l'Effendi, qui étoit du Caire, lui avoit témoigné sa surprise de ce que nous avions osé nous engager si avant, ajoutant que nous n'avions pas assurément été bien conseillés ; et que nous serions heureux, si nous pouvions échapper sains et saufs. Je ne fis pas semblant de prêter l'oreille à ce discours. On est souvent dupe, si l'on se fie trop à ce qui se dit dans ce pays. Les interprètes peuvent en faire accroire à un étranger qui n'entend pas la langue. Sensibles à l'intérêt, ils se laissent quelquefois corrompre ; et quelquefois aussi l'on trouve le secret de les intimider. D'un autre côté, il y a encore plus

d'inconvénient à négliger un avis
salutaire ; de sorte qu'il est expédient de tenir un certain milieu,
ce qui n'est pas toujours aisé.

Quand nous fûmes arrivés à la
barque , nous trouvâmes que la
chèvre , quelle que chétive qu'elle
fût , y étoit devenue une pomme
de discorde. L'équipage y formoit
des prétentions , et soutenoit que le
Schorbatschie l'avoit envoyée pour
ceux qui le composoient. Le Raïs
appuyoit leurs prétentions. Notre
valet , de son côté , ne vouloit pas
lâcher prise , de sorte qu'on se disputoit vivement de part et d'autre,
à qui auroit la proie. Nous vîmes
que les esprits s'agitoient. Cela
nous engagea à nous mêler de la
querelle , et à soutenir notre droit

par des menaces sérieuses, qui dé-
cidèrent la question en notre faveur. Cependant, comme nous n'a-
vions pas absolument besoin de la
chèvre, et que ce n'étoit pas un
morceau bien friand, nous en fîmes
généreusement présent à l'équipage.

Nous mîmes ensuite à la voile
pour continuer notre route. Le Raïs
commença alors à faire entendre,
qu'il ne nous conduiroit que jusqu'à Derri. Il ajouta que quand
nous voudrions lui donner cinquante
sévillans de plus, il ne nous mè-
neroit pas jusqu'à la seconde cataracte. Nous prîmes cela pour des
discours en l'air, et nous jugeâmes
qu'il étoit inutile d'y répondre. Cependant, comme il s'adressa en-

suite à l'un des missionnaires, et
le pria de nous en avertir, nous
lui en fîmes demander la raison.
Il se contenta de répondre qu'il
n'avoit point été convenu qu'il iroit
plus loin. Nous le menaçâmes de
nous faire rendre justice à Derri ;
mais il se mit à rire, et dit d'un air
moqueur, qu'il croyoit que nous
ne parlerions pas si haut, quand
nous y serions arrivés.

Tous ces discours et les avis, que
nous avions reçus de l'Effendi, nous
firent faire diverses réflexions : mais
nous étions trop engagés pour re-
culer, et nous résolûmes d'avancer
toujours, pour voir ce qui en ré-
sulteroit. En attendant, nous crûmes
qu'il étoit à propos d'imposer silence
au Raïs, et de l'assurer que de

quelque façon que les choses tour-
nassent, il nous resteroit toujours
assez de pouvoir pour lui brûler la
cervelle, parce que, s'il nous arri-
voit quelque accident, nous l'en re-
garderions comme l'auteur. « Dus-
« sions-nous périr, » ajoutâmes-
nous, « tu peux être assuré que tu
« seras la première victime.»

Ces menaces le firent changer
entièrement de langage. Il jura
qu'il n'auroit aucune part à ce
qui pourroit nous arriver, et que
si Baram-Cachef, à qui appartenoit la barque, vouloit le permettre,
il nous conduiroit de bon cœur aussi
loin qu'elle pourroit aller, mais
qu'il craignoit bien que le Cachef
ne voulût pas y consentir. Il nous
avertit de bien prendre garde de

ne pas offenser ce tyran, dont il nous fit un portrait affreux, quoique ce fût son maître. Nous n'en crûmes pourtant que ce que nous voulûmes, remettant à juger du reste par nous-mêmes, lorsque nous serions chez lui.

Le calme qui survint alors, nous fit mettre à terre; et comme le courant nous avoit repoussés, nous attachâmes la barque, près d'

AMADA,

Village, situé sur la rive occidentale du Nil, presque vis-à-vis de Koroskof. J'y mis pied à terre, pour aller voir un ancien temple égyptien, qui, dans la suite, passa entre les mains des chrétiens. Ces derniers en firent une église. Les murailles en en fournissent une preuve bien sensible, puisqu'on y voit des peintures, qui représentent la Trinité, les apôtres et des saints ; et dans les endroits où la chaux est tombée, les hiéroglyphes, qui sont dessous, viennent à paroître. Ce temple est encore tout entier ; mais le monastère qu'on avoit bâti auprès, est absolument ruiné.

Nous vîmes, ce même jour, un crocodille ; et ce n'étoit que le second, que nous avions aperçus depuis la première cataracte.

Du reste, le lit du Nil avoit si peu de profondeur, que la barque pouvoit à peine passer en plusieurs endroits.

Le jeudi 2 janvier, à huit heures du matin, le vent étant nord,

Tome III. D

nous continuâmes notre route; mais comme le Nil tournoit ici vers le nord, nous fûmes obligés, pendant tout le jour, de nous servir de la corde pour tirer notre barque. Vers le soir, nous mîmes à terre près d'un village, situé à notre droite. On le nomme

KOUDJOUED.

La situation du Nil et de ses bords continuoit d'être toujours la même. Nous remarquâmes que le talus du rivage étoit, pour la plupart, couvert de lupins et de raves, dont la graine sert à faire de l'huile. Il y avoit aussi quelques autres plantes, comme de la pimprenelle et de la chicorée.

On n'est pas mieux pourvu de canots dans ce quartier qu'aux environs de la première cataracte. Nous remarquâmes ce jour-là, qu'on s'y prenoit d'une plaisante façon, pour traverser le Nil. Deux hommes étoient assis sur une botte de paille, tandis qu'une vache les précédoit à la nage. L'un d'eux tenoit d'une main la queue de la vache, et de l'autre, il dirigeoit une corde attachée aux cornes de l'animal. L'autre homme, qui étoit par derrière, gouvernoit avec une petite rame, par le moyen de laquelle il tenoit, en même temps, l'équilibre.

Nous vîmes encore, ce même jour, des chameaux chargés, qui traversoient le fleuve. Un homme nageoit devant, tenant à la bouche la bride du premier chameau: le second étoit attaché à la queue du premier, et le troisième à la queue du second. Un autre homme, assis sur une botte de paille, faisoit l'arrière-garde, et avoit soin que le second et le troisième chameau suivissent la file.

Le vendredi, 3 janvier, de bonne heure, nous recommençames à faire usage de la corde. Le vent étoit bien toujours du côté du nord; mais il ne souffloit pas assez fort, de sorte que nous n'avancions guère. Nous ne fîmes ce jour-là, que trois lieues.

Le samedi, 4 janvier, nous eûmes, le matin, avant que de mettre au large, une scène sérieuse avec le pilote. Il vint à nous, et nous demanda son habit. Personne ne lui

en avoit promis ; et ce n'étoit pas
non plus la coutume de faire de
semblables présens aux pilotes. Ainsi,
on se moqua de lui, et on lui dé-
clara tout net, qu'il n'en auroit
point. Il ne laissa pas d'insister
encore ; et quand il vit à la fin,
qu'il ne pouvoit rien gagner, il
eut l'insolence d'en venir aux menaces.

Pour soutenir le caractère de
fermeté, que nous avions montré,
nous lui fîmes dire que s'il ne se
taisoit sur-le-champ, nous lui ferions mal passer son temps. Cette
menace, accompagnée de la vue d'un
pistolet, lui imposa silence. Il ne dit
pas un mot, mais après avoir pris
ses hardes, il quitta la barque, jurant tout bas, qu'il nous feroit res-

ter une quinzaine de jours dans l'endroit où nous étions. Nous en fûmes avertis par le valet; et nous lui fîmes déclarer, que puisqu'il avoit fait tant que de quitter la barque, il devoit bien se donner de garde d'y rentrer sans notre permission. Il se mit à rire, et s'en alla. Cependant, comme il vit qu'on n'envoyoit personne après lui, pour le prier de revenir, il le fit de lui-même au bout d'une heure; et en approchant de la barque, il demanda s'il pouvoit y entrer. Nous lui fîmes dire que pour cette fois, nous voulions bien y consentir; mais que s'il s'avisoit d'éprouver davantage notre patience, il n'en seroit pas quitte à si bon marché.

La tranquillité étant rétablie, nous

mîmes à la voile ; et vers midi, nous arrivâmes à

DÉIR, ou DERRI.

Cette place est située sur la rive orientale du Nil, à-peu-près dans l'endroit où ce fleuve commence à diriger son cours vers l'occident.

La nouvelle de notre arrivée nous avoit devancée ; car lorsque nous attachâmes la barque à terre, nous vîmes arriver une foule de curieux. On m'y avertit d'abord que le Schorbatschie étoit de retour, et qu'il avoit assemblé d'autres *puissances* chez lui. Je m'y rendis aussitôt, accompagné du missionnaire, qui entendoit la langue, et du valet juif. On tenoit grand divan ; et nous fûmes reçus avec beaucoup de civilité. Baram-Cachef présidoit , et me fit dire, après les premiers complimens, que ses officiers et lui , avoient délibéré ensemble à notre sujet ; et que comme ils étoient dans l'intention d'avancer notre voyage , ils avoient cru que le meilleur expédient qu'il y eût, c'étoit de nous garder à Derri, jusqu'à l'arrivée du nouveau Cachef, parce qu'alors ils croyoient faire la guerre à un peuple , qui demeuroit aux environs de la seconde cataracte ; et que , comme ils mèneroient une armée de cinq cents hommes, nous ferions la route, en bonne compagnie, et en toute sûreté. Tout le divan témoigna être du même sentiment. Pour moi, je fis répondre que nous préférions de continuer notre route sur le Nil, avec la barque que nous avions fretée, et que cependant, nous ferions nos réflexions sur les offres qui nous étoient faites.

Il étoit aisé de voir, à travers les offres obligeantes, qu'on avoit envie de nous tendre un piége. J'engageai le missionnaire à dire à Baram-Cachef, que je souhaiterois fort de m'entretenir tête-à-tête avec lui. Il y consentit, et me fixa une heure. Je me levai alors; et après avoir salué le divan, je me rendis à la barque, afin de concerter avec mes compagnons de voyage, les mesures que nous avions à prendre, dans une circonstance si critique.

Lorsque je leur eus fait le récit des propositions du divan, et que nous nous fûmes rappelés tout ce qui nous avoit été dit à Essouan, et ce qui nous étoit arrivé depuis, il parut à chacun qu'il seroit insensé de nous engager plus avant ; et qu'il falloit tâcher de s'en retourner au plutôt. On me remit le soin de procurer notre départ, le mieux qu'il me seroit possible ; mais cette permission n'étoit pas chose aisée à obtenir.

. Cependant, je me rendis à l'heure marquée, chez Baram-Cachef, à qui je fis exposer qu'il n'y avoit personne des nôtres, qui fût en état de soutenir un si long voyage par terre, et que nous lui demandions, en grace, d'obliger le Raïs à nous conduire par eau jusqu'à la seconde cataracte. Il répondit que

cela ne se pouvoit pas ; que la barque
étoit à lui, que si le Raïs s'étoit
engagé à nous conduire plus loin, il
avoit passé ses ordres ; que d'ailleurs, il n'étoit pas possible de remonter le Nil, jusqu'à cette cataracte, parce que les eaux étoient
trop basses, et que nous serions
forcés de rester quelque part en chemin, avec sa barque, ce qui lui
causeroit une grande perte. « Puis-
« qu'il ne nous est pas possible d'a-
« vancer par eau, » répliquai-je,
« et que d'un autre côté, nous ne
« sommes pas en état d'aller par
« terre, nous n'avons donc pas d'au-
« tre parti à prendre que de nous
« en retourner. » --- « Vous le pou-
« vez, » reprit-il, « mais ce ne sera
« pas avec ma barque, j'en ai be-

« soin ailleurs : et il faut même que
« vous la vidiez au plutôt. »

Un pareil discours ne me permettoit pas de douter des mauvais des-
seins que l'on avoit formés. Il n'y
avoit point alors d'autre barque à
Derri, et quand il y en auroit eu,
personne n'auroit osé entreprendre
de nous conduire, sans la permission de cet homme, qui étoit un vrai
tyran, et qui, quoique hors de charge, gouvernoit le pays. Il falloit
donc se résoudre à tout plutôt que
de quitter la barque. A cet effet, je
lui fis offrir par le missionnaire et
par le juif, tous les avantages qu'il
pouvoit espérer en nous la louant ;
et je lui fis représenter qu'il gagne-
roit plus avec nous, qu'avec toute
autre personne.

Après

Après bien des difficultés, l'accord
fut fait. On appela le Raïs, et nous
jurâmes tous, en nous tenant la barbe
à la main, d'accomplir le traité tel
qu'il avoit été convenu. Baram-Cachef en fut si content, qu'il me fit
présent de deux zagaies neuves.
Nous nous retirâmes ensuite à la
barque, où Baram nous envoya
une chèvre et un panier de dattes.

Nous lui dépêchâmes alors le Juif,
avec du sorbet, des liqueurs, du
tabac, etc. : mais les choses avoient
déja changé de face. Le Schorbatschie, ayant appris l'accord que
nous venions de faire, et craignant,
si nous nous en retournions, de
perdre tout l'avantage, qu'il s'étoit
proposé de retirer de nous, avoit
parlé à Baram-Cachef, et l'avoit fait

changer de sentiment. Celui-ci rejeta donc nos présens, en disant que nous nous moquions de lui; qu'il lui falloit bien d'autres choses de plus grande valeur, pour nous conserver sa protection; et qu'en tout cas, nous n'avions qu'à attendre l'arrivée du nouveau Cachef, qui, comme on nous l'avoit dit, nous conduiroit à l'endroit où nous avions dessein d'aller.

Le Juif étant venu nous faire ce rapport, nous eûmes peine à ajouter foi à ce qu'il nous disoit. Nous chargeâmes le missionnaire d'aller trouver Baram, pour savoir au juste ce qui en étoit. Il fut très-mal reçu. Baram lui dit mille sottises; et quand le père voulut lui représenter qu'il devoit pourtant penser que

nous venions munis de la protection du Grand-Seigneur, il répondit en colère : « Je me moque des
« cornes du Grand-Seigneur. Je suis
« ici moi-même le Grand-Seigneur,
« et je vous apprendrai bien à me
« respecter. Je sais déja , » ajouta-
t-il, « quelles gens vous êtes. J'ai
« consulté ma coupe ; et j'y ai trouvé
« que vous étiez ceux dont un de
« nos prophètes a dit : *Qu'il vien-*
« *droit des Francs travestis , qui ,*
« *par de petits présens et par des*
« *manières doucereuses et insi-*
« *nuantes , passeroient par-tout ,*
« *examineroient l'état du pays; en*
« *iroient ensuite faire leur rap-*
« *port , et amèneroient enfin un*
« *grand nombre d'autres Francs ,*
« *qui feroient la conquête du pays*

« *et extermineroient tout*. Mais, »
s'écria-t-il , « j'y mettrai bon or-
« dre ; et sans plus de délai, vous
« n'avez qu'à quitter ma barque. »

Le père, à son retour, nous ayant
confirmé le changement de Baram-
Cachef , et rapporté tout le galima-
tiàs qu'il lui avoit fait , nous prîmes
la résolution de ne quitter la barque qu'avec la vie. Nous arrêtâmes
qu'en attendant, nous ferions bonne
contenance ; et que , pour ne point
marquer de foiblesse , nous irions
même au-devant du danger. Nous
restâmes néanmoins tranquilles, le
reste du jour , et toute la nuit.

Le dimanche , 5 janvier , selon
que nous en étions convenus la veille,
je me rendis d'assez bonne heure
chez Baram-Cachef. J'étois , comme

à l'ordinaire, accompagné du missionnaire qui savoit la langue, et du Juif. Notre barbare ne tarda pas à paroître. Il nous tint les mêmes propos que la veille, et il nous offrit de nous mener à la cataracte. Je lui répondis tout net que nous ne voulions pas y aller. Alors il changea de ton. Il demanda de gros présens, et il fit sentir que quand il les auroit reçus, il verroit ce qu'il pourroit faire pour nous. Là-dessus, je lui fis demander de quel droit il formoit une prétention semblable; si nous lui devions quelque chose, et à quoi il pensoit, quand il se jouoit ainsi de son serment, et rompoit l'accord qu'il avoit fait avec nous.

Ces reproches le mirent dans une

E 3

colère épouvantable. Il jura qu'il nous feroit connoître qui il étoit, et ce que nous lui devions. « Vous êtes, » dit-il, « dans un pays qui « m'appartient ; et je vous ferai « payer jusqu'à la dixième partie de « votre sang. » Je me contentai de répondre que nous saurions prendre nos mesures. Nous étions indignés d'une telle conduite. Nous n'attendîmes pas sa réplique ; nous le quittâmes sans prendre congé ; et nous nous rendîmes sur-le-champ chez le Schorbatschie.

Celui-ci, qui ne valoit pas mieux, nous tint à peu-près le même langage ; et lorsqu'on m'eut expliqué ce qu'il avoit dit, je me levai, et haussant la voix, je recommandai au père de lui répondre que si Baram et lui avoient pris leur résolution , nous avions pris aussi la nôtre, et que nous attendrions la fin de cette scène les armes à la main. Là-dessus je me retirai ; et le père , ainsi que le Juif, après lui avoir expliqué mes sentimens , me suivirent de près.

Mon dessein étoit de me rendre à la barque; mais comme je traversois la grande place, Baram-Cachef, qui s'y trouvoit, me fit appeler. Il étoit alors dans sa bonne humeur. Il nous fit asseoir auprès de lui ; et , après les salutations ordinaires , il dit : que nous devions l'habiller comme un prince , et lui faire outre cela , plusieurs autres présens , qu'il stipula. Ses demandes m'ayant été expliquées , je répondis que nous le contenterions, et que nous lui ac-

corderions tout ce qu'il souhaitoit,
pourvu qu'il voulût donner inces-
samment ses ordres pour notre départ. Il demanda quel habit je lui
donnerois ? Je lui dis qu'il auroit le
mien, qui étoit tout neuf et magni-
fique. Il fallut lui en faire une description dont il parut content.

L'accord sembloit conclu. Il manquoit encore de composer avec le
Schorbatshie. Je voulus l'aller trouver ; mais Baram m'en empêcha.
« Envoie les autres, » me dit-il, « et
« reste avec moi, jusqu'à leur re-
« tour. S'ils conviennent avec le
« Scorbatschie, ce sera une affaire
« faite : sinon je lui parlerai ; et s'il
« est opiniâtre, vous n'en partirez
« pas moins. »

Pour ne montrer ni défiance, ni

crainte, je demeurai avec lui; et
lorsque nous fûmes seuls, il fit apporter des dattes et de l'eau, dont il
me régala. Pour lui, il ne mangea,
ni ne but, à cause du ramadan. Il
m'accabla pendant ce temps-là de
civilités, et me fit entendre que je
devois lui donner quelques-unes de
mes chemises, du café, du riz, etc.
Je lui promis tout cela par signes,
et par quelques mots arabes, mal
articulés. Il en ressentit une grande
joie, qu'il me fit comprendre par
des caresses réitérées.

Je m'aperçus pourtant que parmi
ses caresses, il y en avoit dont l'a-
varice étoit le principe. Les Arabes,
ainsi que les Turcs, ont pour coutume de mettre ce qu'ils ont de plus
précieux, dans les plis de leur tur-

ban, et dans ceux de leur écharpe. Baram-Cachef voulut savoir si je ne portois point quelque chose de prix sur moi. Pour y parvenir, il commença par me remplir mes poches de dattes; ensuite il en mit dans mon turban et dans mon écharpe, ayant soin de fouiller en même temps, pour voir s'il n'y trouveroit rien. Mais j'avois eu la précaution de tout ôter, avant que de sortir de la barque, de sorte qu'il y perdit et sa peine et ses dattes.

Sur ces entrefaites, le père et le Juif rentrèrent avec la nouvelle qu'ils n'avoient rien pu gagner sur le Schorbatschie. Baram me fit dire alors, que si je voulois rester avec lui, et laisser partir les autres, il me traiteroit comme son père, et

me feroit bien passer mon temps. Je
le remerciai de ses offres gracieuses,
le priant seulement de finir notre
affaire, et d'ordonner notre départ.
Il y consentit. Nous nous levâmes;
et nous retournâmes à sa maison,
où nous conclûmes un nouvel accord. Il y fut dit « que mon habit se-
« roit pour lui; qu'il auroit de plus
« une paire de pistolets, de la pou-
« dre, du plomb, une certaine quan-
« tité de riz et de café, quinze sé-
« villans; et que je donnerois autant
« d'argent pour le Schorbatschie,
« trente-cinq sévillans pour le fret
« de la barque, six sévillans au Raïs,
« et trois pour les matelots.» A ces
conditions le Raïs devoit partir avec
nous, pendant la nuit, afin que nous
pussions nous en aller plus sûrement.

Ce nouvel accord terminé, Baram nous dit qu'il alloit trouver le Schorbatschie pour lui faire entendre raison; et qu'il viendroit ensuite voir les présens qu'on lui destinoit. Pour nous, nous gagnâmes la barque, où nous ne fûmes pas plutôt arrivés, que nous fîmes tirer de nos malles, toutes les choses en question, afin de n'avoir pas besoin de les ouvrir en présence de Baram. Nous eûmes soin de cacher tous les ustensiles de notre ménage, et mille bagatelles, qui nous étoient nécessaires, n'exposant rien à la vue que les armes, dont nous avions une assez grande quantité.

Baram n'arriva qu'au bout d'une heure. Il fit d'abord écarter tout le peuple, qui se trouvoit au bord du Nil;

Nil, et aussitôt qu'il fut entré dans la barque, il demanda à voir son présent, dont il parut très-satisfait. « Il convient, » dit-il, « de le ca- « cher, parce que le Schorbatschie « va venir. Vous le garderez jus- « qu'au soir ; et quand il commen- « cera à faire nuit, j'enverrai un de « mes esclaves pour le prendre. »

Le Schorbatschie étant arrivé, on parla de l'accord qui avoit été fait, mais il n'en parut pas satisfait. En vain nous lui offrîmes une pièce de drap rouge ordinaire, dont il pou- voit se faire un habit. Il ne le trouva pas à son gré, et ne voulut pas l'ac- cepter, de sorte qu'il se retira très- mécontent.

Nous craignîmes une seconde rupture. Cela m'engagea à faire res-

souvenir Baram-Cachef de ses promesses. Il répondit que nous ne devions douter de rien ; que tout se
feroit de la manière dont on étoit
convenu. Qui n'auroit pas cru après
cela , qu'il agissoit sincèrement,
sur-tout, lorsque nous vîmes arriver le Raïs, qui nous dit qu'il avoit
reçu les ordres de son maître, et qui,
toute l'après-midi , enlevoit tout
ce qu'il avoit apporté , et rechar-
geoit de nouvelles marchandises en
place ?

Cependant la nuit vint ; et elle
étoit déja bien avancée, sans que
l'esclave eût paru. L'inquiétude nous
prit, et nous fîmes partir le Juif et
le frère de l'Aga, pour aller voir ce
qui causoit ce retard. Ils y restèrent
jusqu'à minuit passé , et revinrent

enfin, avec la fâcheuse nouvelle que
les choses avoient entièrement changé de face; que Baram étoit plus en-
diablé que jamais; qu'il ne juroit
que notre perte; et qu'il ne parloit
que de caisses d'or, qu'il vouloit
avoir, avant que de nous laisser
échapper.

L'Effendi dont j'ai fait mention,
et qui paroissoit avoir quelques prin-
cipes d'honneur, vint alors nous
trouver et nous témoigna, qu'il étoit
très-affligé de l'embarras dans lequel
il nous voyoit. « Vous n'avez pas
« affaire, » dit-il, « à des hommes,
« mais à des diables. Ma mauvaise
« fortune m'oblige à vivre avec eux;
« et je me maintiens dans mon poste,
« parce que je sais écrire, ce qu'ils
« ne savent pas eux-mêmes. J'ai

« horreur de la manière dont ils
« traitent les étrangers. Aucune bar-
« que ne vient plus ici. Ils ont pillé
« toutes celles qui ont paru, et ils
« ont maltraité les Raïs, jusqu'à
« leur faire donner la bastonnade.
« Je ne sais pas, » poursuivit-il,
« ce qui les retient si long-temps
« par rapport à vous. Ce sont, ou
« vos armes, ou vos lettres. Je ne
« saurois dire lequel des deux. Mais
« je sais bien, qu'avant votre arri-
« vée, on a agité au divan, si on se
« déferoit de vous d'abord, et de
« quelle façon on pourroit s'y pren-
« dre. Après de grandes discussions,
« on étoit convenu de vous con-
« duire dans les déserts, sous pré-
« texte de vous accompagner jus-
« qu'à la cataracte. Ce qu'ils vou-

« loient faire de vous , le prophète
« le sait. Mais tout ce qu'ils disent
« d'une guerre , qu'ils veulent en-
« treprendre , n'est qu'un tissu de
« mensonges , inventés pour vous
« faire donner dans le piége. Croyez
« que vous avez à faire au plus grand
« scélérat qu'il y ait sur la terre. Il
« a tué neuf hommes de sa propre
« main. Ces hommes étoient cepen-
« dant de ses amis , et des plus puis-
« sans du pays. Voilà ce qui l'a ren-
« du si redoutable. D'ailleurs il sou-
« tient sa puissance, par les largesses
« qu'il fait aux uns , de ce qu'il
« prend aux autres. Il seroit encore
« Cachef , s'il osoit aller à Girge,
« pour y demander le cafetan : mais
« il est retenu par la crainte que les
« plaintes qu'on y porte si souvent

« contre lui, ne lui fassent jouer quel-
« que mauvais tour. Ainsi, il aime
« mieux y envoyer quelque jeune
« imbécille, sous le nom de qui il
« gouverne. De plus, » ajouta l'Effendi, « il est ivre tous les soirs. Il
« devient alors comme insensé ; il
« couche avec ses propres filles ; en
« un mot, c'est l'homme le plus
« vicieux que j'aie jamais vu. »

Nous écoutâmes cet affreux pa-
négyrique, sans y répondre un seul
mot, parce que nous ne connoissions pas assez l'Effendi pour nous
fier à lui. Nous lui demandâmes
néanmoins son conseil ; mais il ne
put nous en donner aucun. Il nous
laissa dans l'incertitude où nous
étions, et dans laquelle nous restâmes toute la nuit.

Le lundi, 6 janvier, dès que le
jour commença à paroître, un esclave de Baram vint à bord, pour
annoncer au Raïs, qu'il devoit jeter
tout notre bagage à terre, et nous
obliger à vider la barque. Celui-ci
nous en ayant aussitôt donné avis,
nous lui dîmes, en présence de l'esclave, qu'il devoit bien prendre
garde à ne rien toucher de ce qui
nous appartenoit ; que nous étions
résolus à ne quitter la barque qu'a-
vec la vie ; et que le premier qui en-
treprendroit de nous en chasser,
seroit assuré de rester mort sur la
place. Nous promîmes pourtant d'aller parler à Baram, et je me rendis
sur-le-champ à sa maison, suivi des
interprètes.

Nous y fûmes reçus à peu-près

de la même manière que le matin
du jour précédent; et quand je voulus parler du second accord, qui
avoit été conclu, il entra en furie, et
nous apostropha, en criant: *rough!*
rough! ce qui veut dire : *allez-vous-*
en.

Nous ne nous fîmes point répé-
ter ce brutal compliment ; et nous
allâmes chez le Schorbatschie , afin
de tâcher de connoître par sa contenance , ce que nous devions en
espérer. Nous y arrivâmes avant son
lever , et nous y trouvâmes quantité de personnes qui s'y étoient
assemblées. Chacun s'empressoit à
nous parler ; et tous les discours
n'aboutissoient qu'à demander que
nous donnassions quelque chose.
Le missionnaire, qui étoit avec moi,

me répétoit ce que disoient tous ces gens, et leurs demandes ridicules nous firent rire plus d'une fois.

Un de leurs *Santons*, qui s'étoit tenu dans un coin, où il avoit gardé jusqu'alors un morne silence, s'approcha enfin, et fut choqué de la bonne humeur où il nous voyoit. Il nous avertit charitablement, en langue franque, qu'il parloit assez mal, de ne pas montrer un air si joyeux. « Il vous conviendroit plutôt, dans les circonstances où « vous êtes, » dit-il, « de pleurer ; « car peut-être, avant la fin du « jour, aurez-vous perdu votre « gaîté. »

Ce conseil, opposé à la maxime, que nous nous étions faite, ne produisit pas un grand effet sur nous.

Le Santon s'en aperçut. Il changea alors de ton, et nous dit quelques sottises en mauvais français qu'il avoit appris à Alger, parmi les esclaves. Il en étoit revenu tout nouvellement et à demi-nu, ce qui, joint à son caractère de saint, l'avoit mis en vénération parmi ces Barbares.

Enfin le Schorbatschie parut. Nous lui souhaitâmes le bonjour, qu'il nous rendit assez froidement. Je lui fis demander dans quel sentiment il étoit, et si nous pouvions nous promettre d'en venir à quelque composition avec lui. « Donnez-« moi, » dit-il, « cinq ou six bourses; « après cela, je vous parlerai; » et sans attendre notre réponse : « Il « faut, « poursuivit-il, « voir vos

« coffres. J'irai aujourd'hui à la
« barque, vous me les ouvrirez ; et
« s'ils ne sont pas remplis d'or ,
« vous partagerez avec moi , ce
« qu'il y aura.».

Lorsque j'entendis qu'il touchoit
cette corde , je lui fis savoir, qu'il
ne verroit point le dedans de nos
coffres , qu'il ne les fît ouvrir avec
une hache ; mais qu'il devoit compter que celui à qui il en donneroit
la commission , ne retourneroit pas
pour lui dire ce qu'il y auroit
trouvé. Le Schorbatschie ne répondit pas à cette menace. Il se contenta de me regarder fixement ;
après quoi, il se tourna vers ses
gens pour parler avec eux.

Nous en avions assez appris ,
pour juger ce que nous devions at-

tendre; ainsi nous nous retirâmes
dans le dessein de rejoindre la barque. Quand nous fûmes sur la grande
place, nous y vîmes Baram-Cachef,
assis en grand divan. Il nous appel
dès qu'il nous vit. Nous feignîme
de ne pas l'entendre, et nous pas
sâmes notre chemin. Cependant,
lorsqu'il nous eut envoyé un es
clave pour nous faire venir, no
allâmes à lui.

Ce n'étoit plus le même homm
Il nous reçut d'un air gai; et aprè
m'avoir fait asseoir à son côté, i
me fit demander pourquoi j'étoi
si dur envers lui; et pourquoi j
ne voulois pas lui donner une caiss
d'or, tandis que nous en avions u
si grand nombre? Le père, m'ayan
expliqué sa plainte, je me levai pou
m'c

m'en aller, sans lui faire de réponse; mais Baram me retint par mon habit, et m'obligea de me rasseoir. Il me demanda pourquoi je ne lui répondois pas? Je lui fis dire, par l'interprète, qu'il étoit un misérable, qui n'avoit ni foi, ni loi, ni parole; et que je ne voulois pas perdre mes discours avec lui, puisque mon parti étoit pris.

L'interprète hésitoit à rendre ma réponse. Baram s'en aperçut, et lui ordonna, d'un air sévère, de lui dire tout, sans omettre une seule parole. « Tu le veux, » reprit l'interprète; «tiens, voilà ce qu'il a dit;» et il rendit, mot pour mot, ce qu'il avoit entendu.

Baram, au lieu de se fâcher, comme je m'y attendois, se mit

à rire , et me fit dire que je n'avois *qu'à lui amener le cheval , et qu'il le monteroit.* (1) « Je n'ai déja que « trop offert, » répondis-je ; «mais « s'il veut nous laisser partir tont « de suite , je n'y regarderai pas de « si près ; et je lui ferai encore quel- « ques petits présens, qui ne lui se- « ront pas désagréables. »

Cette nouvelle ouverture parut être du goût de notre homme. Il me combla de caresses , et m'appela son frère. Mais quand il fallut en venir à la conclusion, il demanda quelques bourses pour lui , et il ajouta qu'il en falloit autant pour le Schorbats-chie. Il forma, outre cela , plusieurs

(1) C'est sans doute une sorte de pro-verbe.

autres prétentions, auxquelles je ne daignai pas répondre.

Il me pressoit cependant pour avoir ma résolution ; et à la fin, je lui fis dire, que comme nous n'avions que ce qui nous étoit nécessaire pour les besoins de notre voyage, nous ne pouvions rien donner ; qu'il étoit vrai que je lui avois fait des promesses ; mais que, puisqu'il ne tenoit pas lui-même sa parole, j'étois dispensé de tenir la mienne ; qu'il pouvoit être sûr qu'il n'auroit rien que par force ; et que de ce pas, j'allois à la barque, afin d'y mettre tout en ordre pour sa réception.

Il se fit expliquer ce que je venois de dire, et il eut la patience de l'entendre sans se fâcher. Il se contenta de répondre , qu'il avoit pourtant assez de force pour nous détruire s'il le vouloit. « Nous le « savons , » répliquai-je ; « et nous « avons été informés de votre mau- « vaise volonté , avant de partir « d'Essouan. Nous n'avons pas « laissé de venir , après avoir pris « la précaution de faire venger les « insultes , qui nous seroient faites, « au cas que nous ne fussions point « en état d'en tirer vengeance nous- « mêmes. » La-dessus , je me levai, je pris congé ; et je m'en allai à la barque , avec la ferme résolution de n'en plus sortir.

Je n'y fus pas une demi-heure, que Baram me fit dire de lui en- voyer un interprète. Le Juif y alla , et il revint bientôt avec la nou-

velle que Baram étoit sérieusement
dans le dessein de nous laisser partir , et qu'il demandoit qu'on lui
envoyât les présens dont on étoit
convenu. Il desiroit encore quelques autres bagatelles , de si peu
d'importance , que ce n'étoit pas
la peine de les lui refuser. Moyennant cela , il promettoit de nous
faire partir sur-le-champ , et de
nous accompagner lui-même , jusqu'à une certaine distance.

Il n'y avoit pas beaucoup de
sûreté à se fier à la parole d'un
homme , qui en avoit manqué si
souvent. Il fallut néanmoins en passer par-là. Les présens lui furent
envoyés avec l'argent ; et le Schorbatschie eut aussi sa part , avec
quelques piastres de plus qu'il

avoit demandées pour ses enfans.

Vers midi, Baram-Cachef, accompagné de deux de ses braves, se rendit à la barque. Il vint d'abord à notre tente ; mais comme il vit que nous étions à table, il ne voulut pas y entrer, de crainte de nous troubler. Il fit d'abord appareiller et mettre à la voile. Quand il vit que nous avions dîné, il me remit le sabre de ses gens, et le sien même, pour que je les gardasse, et pour me montrer qu'il agissoit de bonne foi. Alors, il me fit demander si j'étois content de lui, et si je l'appellerois encore un homme sans foi ? Je n'avois garde de chercher à l'irriter. Je lui fis répondre que je n'aurois pas cru qu'il fût si honnête homme, et que,

présentement je lui voulois du bien.
J'en disois trop à un homme de
cette trempe : aussi ne manqua-t-il
pas de me prendre au mot. « Puis-
« que tu me veux du bien, » reprit-
il, « donne - moi donc quelque
« chose. » Il fallut encore se défaire
de bien des bagatelles en sa faveur. Ce qu'il y avoit de pire, c'est
qu'il ne finissoit point. Il n'avoit
pas plutôt une chose, qu'il vouloit
en avoir une autre. Rien n'étoit plus
ennuyeux. Il demandoit : nous refusions. On disputoit de part et
d'autre, et enfin il en falloit venir
à composition, et toujours donner,
des bagatelles, à la vérité, mais des
bagatelles, qui auroient pu nous
servir dans une autre occasion.

Cependant, nous avions fait

bonne route, et la nuit approchoit. Nous mîmes à terre à Karavaschie. Baram nous y quitta, fit apprêter son souper, et mangea à la belle étoile, à une petite distance de la barque.

Sur ces entrefaites un domestique des missionnaires, à qui l'on avoit volé une redingote, alla se plaindre à Baram-Cachef, qui commençoit déja à s'enivrer. Il entra en fureur, se leva, tira son sabre, et jura que quiconque avoit fait le vol, le paieroit de sa tête. « Je veux bien, » ajouta-t-il, « prendre tout ce que je « puis attraper, mais je prétends « que mes esclaves tiennent leurs « mains nettes. » Là-dessus il ordonna une recherche exacte ; et dans un instant la redingotte se trouva. L'esclave qui l'avoit volée, se jeta à ses pieds pour demander grace ; nos gens mêmes implorèrent pour lui ; et Baram se laissa fléchir, l'issue de cette affaire fut heureuse pour nous ; car si Baram avoit tué son esclave, nous aurions été obligés de le lui payer. C'est la moindre chose qui nous seroit arrivée. Nous étions fort fâchés de ce que le domestique avoit porté sa plainte à notre insçu ; mais il n'en prévoyoit pas les conséquences.

Avant que de sortir de la barque, Baram-Cachef nous avoit forcés de payer deux sévillans à chacun des braves qu'il avoit amenés avec lui. Lui-même, comme je l'ai dit, nous avoit escroqué, tout le jour, tantôt une chose, tantôt l'autre ; et il

n'avoit cessé de demander , que
parce qu'il n'avoit plus rien vu,
qu'il pût exiger. Il sembloit qu'il
vouloit encore revenir à la charge ;
car il fit entendre qu'il avoit envie
de se rendre à la barque, pour y
prendre congé de nous. Le frère
de l'Aga , qui avoit soupé avec lui,
nous préserva de sa visite. Il lui représenta qu'il avoit tout à craindre,
s'il nous approchoit pendant la nuit;
qu'on nous avoit tant vexés, que
nous étions poussés à bout , et qu'il
ne répondroit pas de sa vie , s'il
faisoit tant que de rentrer dans la
barque.

Tout ivre qu'étoit Baram , ces
représentations firent effet sur lui.
Il se contenta de nous faire souhaiter un bon voyage : mais il nous

fit dire en même temps, que sa sultane étoit accouchée, et que nous aurions la bonté de donner à l'enfant, les *mannottes* d'argent. Nous répondîmes que nous les enverrions par le Raïs; et nous n'y manquâmes pas; mais nous ne le fîmes qu'au moment où nous allions partir.

Baram fut content de notre présent. Il chargea le frère de l'Aga d'Essouan, de lettres pour cet officier et pour le Cachef Ibrim; et il donna ordre au Raïs de nous conduire. Enfin, nous nous vîmes heureusement échappés des mains de ce tyran; et nous nous félicitâmes d'en être quittes à si bon marché.

Le Nil change ici de cours. Il tourne vers le nord; et nous avions un grand calme. Nous eûmes recours aux rames, qui, secondées par le courant du fleuve, nous firent si bien avancer, que dans peu, nous perdîmes de vue le feu, que Baram-Cachef avoit fait allumer pour se chauffer.

VOYAG

VOYAGE D'ÉGYPTE ET DE NUBIE.

HUITIÈME PARTIE,

Contenant la suite du voyage de l'auteur, pour retourner de Derri, jusqu'au Caire.

Mardi 7 janvier.

Nous avions continué toute la nuit à nous servir de la rame. Nous en fîmes aussi usage durant tout le jour ; et le soir, à huit heures, nous avions déja passé

GOURTA.

Ce jour-là, notre Raïs s'avisa de

faire le petit tyran. Il crut qu'à l'exemple de son maître, il devoit aussi nous rançonner. Il demanda cinquante sévillans, au-dessus du prix qui lui avoit été accordé ; et il menaça de nous mener à Derri, si nous lui refusions cette somme. Heureusement, il n'avoit pas comme Baram-Cachef, le pouvoir en main. Nous lui fîmes donc savoir que si désormais, il avoit l'audace de nous tenir de semblables propos, il pouvoit se tenir pour assuré que nous le jetterions, sans façon, dans le Nil, et que nous saurions bien nous-mêmes gouverner la barque. Cette menace le fit changer de langage. Il dit que son intention n'avoit pas été de rien exiger de nous; mais qu'il espéroit néanmoins que nous

serions assez généreux pour lui faire
quelque présent. «Notre générosité,»
répondîmes-nous, « dépendra de
« ta propre conduite; et nous en
« agirons avec toi comme tu en agi-
ras avec nous. » Il parut content de
cette déclaration, et nous laissa depuis en repos.

Mercredi, 8 janvier.

Nous avions fait route, toute la
nuit, à la faveur du courant. Nous
continuâmes de même jusqu'à midi
que nous fûmes obligés de mettre à
terre, à cause d'un vent de nord,
qui étoit trop fort, et qui nous em-
pêchoit d'avancer. Nous attachâmes
la barque au bord oriental du Nil,
près de

DENDOUR.

Nous avions fait un peu plus de

H 2

la moitié de la route de Derri, à la cataracte, route où l'on a beaucoup de peine à faire des provisions. On ne trouve que quelques moutons, extrêmement maigres, et des chèvres qui ne valent rien. Les poules sont très-rares; et les œufs, par conséquent, ne sont pas communs. Quant à du pain, on n'en vend point. Les Barbarins ne font jamais moudre le blé, qu'à mesure qu'ils veulent cuire; et les gâteaux qu'ils font, ne sont jamais qu'à moitié cuits. Ce qu'il y a de plus désagréable, c'est que, quand on rencontre quelque chose à acheter, la marchandise vendue, livrée et payée, ne fait pas une vente parfaite. Nous en eûmes, ce jour, une preuve convaincante. Notre valet avoit acheté un mou ton, qu'un Barbarin avoit amené à la barque, dans le dessein de le vendre. Après bien des contestations, il le laissa pour deux sévillans, avec lesquels il s'en alla : mais, au bout d'une demi-heure, il vint redemander son mouton, et il offrit de rendre l'argent qu'il avoit reçu. Indigné de son procédé, nous refusâmes de rompre le marché; d'ailleurs nous avions besoin du mouton. Là-dessus notre homme s'obstina, fit un vacarme terrible, et assembla tant de monde, par ses cris, que, pour n'être pas obligés d'en venir à quelque extrémité, nous consentîmes à sa demande, moyennant les deux sévillans, qu'il restitua. La comédie n'en finit pas là. Un moment après, il revint avec le même mouton, dont il demanda trois sévillans. Nous voulûmes le chasser. Quand il vit que nous ne paroissions pas avoir envie de son mouton, il prétendit nous obliger à le prendre, pour le prix qu'on lui en avoit donné la première fois. Nous fîmes les difficiles, enfin on s'accommoda ; et le mouton nous demeura pour un sévillan, et quelques mesures de blé, ce qui étoit pourtant au-dessous de ce qu'on lui avoit donné au commencement.

Jeudi, 9 janvier.

Quoique le vent du nord fût encore assez fort, nous ne laissâmes pas de faire route tout le jour, par le moyen de la rame et du courant, de sorte que, vers le soir, nous gagnâmes le village d'

ABOHOUER.

Nous approchâmes de la terre; et nous en avions fait ce jour-là autant en différens endroits, sans pourtant nous arrêter. On nous avoit seulement demandé comment ou nous avoit permis de retourner de Derri. Quelques individus avoient ajouté fort civilement, que si le Raïs vouloit nous faire descendre chez eux, ils partageroient le butin avec lui. Mais à Abohouer, une vingtaine d'hommes osèrent venir à la nage, jusqu'à notre barque, pour y demander des nouvelles de notre voyage. Ils se tinrent néanmoins dans de certaines bornes, et ne marquèrent aucunement-avoir envie de nous faire du mal. Ils témoignèrent seulement beaucoup de surprise de ce qu'on nous avoit laissé échapper si aisément.

Comme depuis Essouan jusqu'à Derri, on n'a pas l'usage de traverser le Nil avec des canots, les habitans savent suppléer à ce défaut, de diverses manières. J'en ai déja donné deux. En voici une troisième assez singulière. Ils se mettent à califourchon, sur un grand morceau de bois, après avoir ajusté leurs habits sur leur tête en forme de turban. Ils y attachent aussi leur zagaie. Ensuite ils se servent de leurs bras en guise de rames, et traversent ainsi le fleuve sans beaucoup de peine. Cette manière est encore en usage, un peu au-dessous

d'Essouan; et même dans des endroits où il y a plus de crocodiles
qu'ici. Cependant on n'apprend pas
qu'il arrive aucun malheur; et ceux
qui se baignent tous les jours dans
le Nil, ne prennent pas non plus
aucune précaution contre ces ani-
maux.

Vendredi, 10 janvier.

On reprit la rame de grand matin, parce que le vent du nord
continuoit toujours. L'après-midi,
nous mîmes à terre à

OUBSCHIIR.

Le dessein étoit pris de rester
toute la nuit devant ce village. Cependant à force de sollicitations,
et par quelques libéralités que je

fis, j'obtins que nous ferions en-
sorte de gagner

GIESIRET ELL - HEIFF.

J'ai déja dit d'avance de quelle
manière j'employai toute la nuit,
à examiner les magnifiques antiquités de cette île, jusqu'à ce que
l'importunité des Barbarins m'o-
bligeât de me retirer le lendemain
matin. Ainsi je me contente de ren-
voyer le lecteur à la relation que
j'en ai donnée.

Le samedi, 11 janvier, après
avoir quitté ce lieu, nous descendîmes le Nil, jusqu'à

MORADA.

Il n'étoit guère que neuf heures
du matin, quand nous arrivâmes

dans ce port. Nous nous y crûmes
en un lieu de sûreté, puisque c'é-
toit là que commençoit le gouvernement de notre bon Aga d'Essouan; mais nous y apprîmes bientôt que sa maladie empiroit tellement, qu'on croyoit qu'il n'iroit
pas loin. Cette nouvelle nous affli-
gea; car nous connoissions assez
son fils, pour ne pouvoir pas nous
promettre de lui les mêmes honnê-
tetés que de son père.

Il avoit été informé de notre arrivée par le Raïs, et en venant
d'Essouan pour nous joindre, il
avoit rencontré le valet juif, que
nous avions dépêché à l'Aga, pour
l'avertir de notre retour, et pour
le prier de nous faire fournir, le
plutôt possible, des montures, afin

que nous pussions nous rendre avec nos bagages à Essouan.

Dans cette rencontre, le fils de l'Aga fit entendre au valet, qu'il ne nous ramèneroit pas à si bon marché qu'il nous avoit menés. « Nous savons, » dit-il maintenant, « de quelle façon il faut en user avec « vos gens. Nous qui les avons trai-« tés avec toute la civilité ima-« ginable, nous n'en avons reçu « que des bagatelles, tandis que « ceux qui les ont tyrannisés, en « ont tiré des choses de grande va-« leur. » Notre valet lui demanda s'il vouloit se mettre en parallèle avec des voleurs, qui auroient voulu nous prendre jusqu'à la dernière chemise. « Tout cela est bon, » reprit le fils de l'Aga ; « mais je ne se-« rai

« rai pourtant pas si fou que je l'ai
« été. »

Nous ne savions pas encore l'intention où il étoit, quand il vint nous voir, vers les dix heures, avec le Raïs. Mais après les premiers complimens, il eut soin de nous faire sentir, qu'il lui falloit un présent de quelque valeur, pour l'engager à nous conduire à Essouan ; et que moyennant cela, il nous fourniroit toutes les commodités que nous pouvions souhaiter. Nous répondîmes que nous l'avions toujours regardé comme un homme d'honneur, que nous espérions n'avoir qu'à nous louer de lui, comme nous nous louions de son père ; que s'il prétendoit marchander avec nous, il n'avoit qu'à mettre ses services à prix; que s'il prenoit garde à ses intérêts, nous en faisions de même de notre côté; et que du reste, il y avoit au Caire des personnes à qui nous saurions faire le rapport de la manière dont il en auroit usé avec nous.

Cette réponse parut un peu l'intriguer. Il tint bon néanmoins; et moitié par nécessité, moitié par courtoisie, nous nous engageâmes à lui donner un habit de drap, et quatorze sévillans, que nous accordâmes pour les montures. Ce marché conclu, notre homme parut content, et promit de venir nous prendre le lendemain.

Je fis encore ce jour-là un tour à la cataracte, pour la contempler de nouveau, après cela, je retournai à la barque, où nous restâmes tranquilles, tandis que nos gens tiroient des tourterelles qui se trouvent ici en grande quantité, de même que le poisson; et l'on nous en apporta autant que nous pouvions en souhaiter.

Le dimanche, 12 janvier, vers midi, le fils de l'Aga arriva avec un assez grand nombre de montures, pour nous porter commodément à Essouan. Nous fîmes aussitôt charger notre bagage, et nous nous mîmes en chemin. Mais en approchant de la ville, le fils de l'Aga prit les devants, et nous étonna fort, lorsque nous vîmes qu'il passoit au-delà d'Essouan. Il fallut pourtant le suivre; car il en avoit donné l'ordre à ses gens. En vain je fis demander la raison de cette marche, personne ne put, ou ne voulut, m'en dire le motif.

On nous avoit joué tant de mauvais tours, que ceci pouvoit nous alarmer. Nous arrivâmes enfin dans une soi-disant maison de campagne de l'Aga. Le commandant du port de la cataracte y étoit déja. Dès que nous y fûmes, il ordonna que l'on fît entrer tous nos bagages, après quoi il donna ordre qu'on fermât la porte.

Tous cés mystères nous donnoient beaucoup à penser. Ils ne nous alarmoient pas néanmoins. Il n'y avoit pas beaucoup à craindre pour nous; nous étions assez bien armés, pour nous faire respecter. Quand le fils de l'Aga eut payé les chameliers, il vint à nous pour nous saluer, et il nous fit dire par les interprètes, qu'il ne nous avoit conduits dans cette maison de campagne, qu'afin de faire prendre le change au peuple, qui s'étoit assemblé en foule à Essouan, pour nous voir arriver. « Ils « savent tout, » dit-il. « On les a « instruits de la manière dont on « vous a traités à Derri. Ils pour- « roient prendre la fantaisie d'en « user de la même façon à votre « égard. Il ne seroit pas en notre « pouvoir de vous en garantir. Notre « force n'est pas capable de résister « ici au peuple quand il vient à se « révolter. J'ai donc jugé qu'il étoit « convenable pour vous et pour « nous, de vous conduire dans cette « maison de campagne, où vous se- « rez en sûreté. »

I 3

Nous entrâmes dans ses raisons, et nous commençâmes à le croire plus honnête qu'il ne nous avoit paru l'être dans ses premières démarches. Je puis même dire, à sa louange, qu'il soutint depuis ce caractère assez bien ; car, quoiqu'il ne laissât échapper aucune des occasions où il pourroit nous escroquer quelque petit présent, il ne laissa pas néanmoins de nous servir de tout son pouvoir.

Cependant, le séjour que nous nous voyons réduits à faire dans dans une campagne, n'étoit guère de notre goût ; et nous ne manquâmes pas de parler de notre départ. Mais pour cela, il falloit une barque, et il n'y en avoit point à Essouan. Le fils de l'Aga nous offrit

néanmoins en tout cas, d'en faire
venir une du port de la cataracte.
Je vis qu'il se passeroit quelques
jours avant que nous pussions l'a-
voir : ainsi je lui fis demander s'il
ne pourroit point me procurer un
bateau, ou un canot, pour aller
de l'autre côté, où je souhaitois voir
les antiquités dont le valet de l'Aga
m'avoit parlé avant que nous
partissions pour Derri. « Je te satis-
« ferai, » me dit-il, « mais ce n'est
« pas le tout qu'un canot; il te faut
« encore une escorte pour te ga-
« rantir des insultes des Arabes
« qu'on rencontre quelquefois de
« ce côté-là ; » et sur ce que je répondis que nous irions en assez
grand nombre, et assez bien armés
pour ne rien craindre, il promit

d'y penser, et nous laissa assez contens de sa conduite.

Nous prîmes alors possession de notre nouvelle demeure, qui, au lieu de chambres, n'avoit que trois espèces de remises voûtées, et pourvues chacune, pour tout meuble, d'un divan de maçonnerie. Celle du milieu recevoit le jour par toute sa façade, qui étoit entièrement ouverte. Il y avoit pourtant encore une cuisine découverte par le haut, outre un petit réduit où logeoit un esclave avec sa femme. Cet esclave étoit le châtelain, ou le concierge du château. Son maître lui avoit donné ordre de nous obéir en toutes choses; et il devoit nous remettre les clés, tous les soirs.

Ce qu'il y avoit de meilleur dans

cette maison , c'étoit une grande cour remplie de brebis et de volailles. Le tout étoit à notre service, à condition que nous le paierions, c'est-à-dire, plus cher qu'au marché.

Sur le corps du principal bâtiment, régnoit une plate-forme, très-propre pour s'y rôtir au soleil, qui y donnoit tout le jour. On auroit pu pourtant y respirer la fraîcheur, le soir et la nuit, mais il y avoit un grand obstacle ; car on y avoit porté depuis long-temps les immondices de la maison : elles s'y étoient pourries, et exhaloient une odeur, qui ne permettoit pas de s'y tenir long-temps.

Nous étions accoutumés à loger si étroitement dans notre barque ,

que, malgré le peu de commodités qu'il y avoit dans cette maison, nous nous trouvions mieux que nous n'avions été depuis long-temps : nous y étions du moins au large. Cependant, cet avantage ne nous touchoit guère; et nous soupirions après le moment où nous pourrions quitter ce triste séjour.

Le lundi, 13 janvier, on nous avertit qu'il y avoit à Essouan une barque, qu'on nous offroit pour nous mener au Caire. J'allai la voir; mais elle étoit trop petite; et le maître demandoit quarante-cinq sévillans pour notre passage. Je n'étois pas tenté de conclure le marché; et le fils de l'Aga, qui arriva sur ces entrefaites, n'y voulut pas non plus consentir. Il dit que le voyage étoit assez fatigant par lui-même, sans en augmenter la fatigue en se mettant dans une prison ; et il me fit espérer, qu'il arriveroit dans peu une barque plus large. Je m'arrangeai pourtant avec le maître de celle-ci, pour qu'il me menât le lendemain de l'autre côté du Nil ; et le fils de l'Aga me promit des janissaires.

Le mardi, 14 janvier, dès le matin, je traversai donc le fleuve, selon l'accord fait la veille. J'étois accompagné des missionnaires, des janissaires et des valets. Nous fûmes obligés de descendre le Nil, plus d'une lieue, parce que le bord entre l'île Eléphantine, et le continent, du côté occidental, n'avoit pas assez de fond pour en pouvoir approcher avec une barque.

Lorsque nous eûmes mis pied à terre, il fallut remonter le long du rivage aussi haut que nous étions descendus. Notre guide nous fit, après cela, traverser des montagnes sablonneuses, qui s'approchent jusqu'au bord du fleuve. C'étoit la marche la plus incommode du monde. Outre que nous avions à monter dans des sables, ce qui est fatigant, ces sables cachoient à leur surface quantité d'épines, qui n'accommodoient pas nos jambes nues, comme on les a toujours dans ce pays. De plus, il faisoit une chaleur extrême; de sorte que le chemin que notre guide avoit fixé à la durée de quelques pipes de tabac, nous sembla d'une longueur épouvantable.

Au bout de trois heures de marche,

che, nous arrivâmes enfin au lieu
que nous cherchions. Mais quel fut
mon étonnement, quand, au lieu
de superbes édifices, je n'aperçus
que de vieilles masures de briques
et de boue! Je fis demander au valet
de l'Aga, si c'étoient là ces belles
choses qui valoient plus que ce que
j'avois vu dans l'île Eléphantine ?
Il répondit tranquillement qu'oui ;
et comme il s'aperçut que j'étois ir-
rité, il chercha à m'adoucir, en disant que je verrois quelque chose
de plus beau en dedans. Il fallut
prendre patience, et avancer pour
entrer. Je n'y trouvai non plus que
de vieilles masures. Je commençois
à éclater contre mon homme, qui ne
faisoit que rire de la colère où il
me voyoit, comme s'il eût voulu

Tome III. K

plaisanter de ce qu'il m'avoit trompé de la sorte.

Je cherchai à me consoler, avec les provisions que j'avois fait apporter avec moi. Je me refis en même temps de ma fatigue ; et je me rappelai alors que ce drôle m'avoit parlé de momies, de peintures et d'inscriptions. Je lui en fis demander des nouvelles ; et il offrit de me montrer toutes ces choses. Aussitôt il me conduisit dans un endroit, dont les murailles étoient effectivement peintes ; mais lorsque je les vis, je ne doutai pas un moment que toutes ces ruines ne fussent les restes d'une église, et d'un couvent copte, ou grec. Mon guide me mena après cela, dans une espèce de cimetière dont les Arabes ont ouvert

les tombeaux, et où il me montra
quelques os de morts pour des momies. Il ne restoit plus qu'à me faire
voir les inscriptions; et il ne fut pas
embarrassé. Soutenant la gageure
jusqu'au bout, il me fit remarquer
des cellules ruinées, où l'on avoit
écrit avec du charbon, sur le plâ-
tre dont les murailles étoient en-
duites.

Mon homme n'en demeura pas
là : il se piqua de faire plus qu'il
n'avoit promis. Il me fit descendre
dans un endroit où l'on voyoit un
puits à moitié comblé. « Tiens, »
dit-il, « voilà l'endroit où les tré-
« sors sont enterrés. Si tu sais les
« tirer de là, tu seras suffisamment
« payé de la peine que tu as prise
« de venir jusqu'ici. » Je me mis à

rire à mon tour, de la simplicité
de ce Barbarin, simplicité com-
mune à tous ses compatriotes. Je
jugeai alors que ces couvens ruinés
pouvoient bien avoir occasionné le
sentiment général, qu'on y a en-
terré des trésors. Il peut se faire
que les moines, en danger de voir
leurs maisons détruites, enterroient
l'argenterie de leurs églises; et que
les Arabes, dans la suite, ayant
découvert quelques-uns de ces trésors, se soient imaginé qu'il y en
avoit par-tout; et que, comme ils
ne savent pas faire de différence
entre une ruine antique et une
ruine moderne, ils s'imaginent qu'il
y a des trésors dans tous les endroits, où il y a eu des édifices.
Je crois même qu'on ne courroit

pas risque de se tromper si l'on disoit, que la conservation de tant
d'antiquités, que l'on admire encore aujourd'hui, n'est due qu'à
cette fausse persuasion, bien incommode pourtant et bien périlleuse
pour un voyageur, qui cherche à
satisfaire sa curiosité.

Comme j'avois fait tant que de
me rendre sur le lieu, je voulus le
voir entièrement. J'en fis tout le
tour ; mais à dire vrai, je n'y aperçus rien, qui valût la peine d'être
remarqué. Je ne trouvai que les ves-
tiges d'un bâtiment, qui avoit été
habité par des chrétiens, uniquement
ment occupés au culte du vrai Dieu.
Ce bâtiment étoit d'une mauvaise
construction, et situé dans le terrain le plus stérile du monde. On

n'y voit que des plaines et des montagnes couvertes de sable. L'eau, selon les apparences, n'y étoit pas fort bonne ; et si ceux qui ont demeuré dans ce lieu, étoient obligés d'en aller chercher à la rivière, ils avoient assez d'incommodité pour se la procurer.

Après nous être un peu reposés, nous nous mîmes en chemin, pour regagner notre barque. La marche qu'il nous fallut faire, fut encore plus désagréable que celle du matin. Nous étions alors tout frais, et l'espérance de voir quelque chose de beau, nous encourageoit.

Ni en allant, ni en revenant nous ne rencontrâmes personne. Autant que je puis l'imaginer, les Arabes ne viennent guère de ce côté, que

quand ils s'attroupent pour y aller
chercher quelque chose. Je payai
trois sévillans pour la barque ; et
j'en donnai deux, qui furent par-
tagés entre les janissaires et le valet
de l'Aga. Ces derniers furent plus
contens de ma libéralité que je ne
le fus de la corvée que j'avois
faite.

Le mercredi, 15 janvier, le fils
de l'Aga nous amena un Raïs dont
la barque étoit au port de la cataracte ; et il devoit la faire descendre, dans trois jours, à Essouan.
Nous nous arrangeâmes avec lui,
moyennant soixante sévillans, ce
qui faisoit dix sévillans par rame.
Il s'obligea à nous conduire au
Caire, et à nous mettre à terre,
par-tout où nous voudrions. Nous

payâmes dix sévillans d'avance.

Nous eûmes, ce jour-là, la visite du frère de l'Aga, qui nous avoit accompagnés à Derri. Il arriva un moment après que son neveu nous eût quittés. Nous n'avions pas encore vu ce bon homme depuis notre retour. Il nous félicita de nouveau de ce que nous étions sortis, à si bon marché, des mains de Baram-Cachef. Nous lui demandâmes s'il croyoit véritablement qu'on en avoit voulu à notre vie? « Je ne crois pas, » dit-il, « qu'ils « en fussent venus à cette extré- « mité, s'ils eussent pu vous enlever « votre bien sans cela : mais comme « ils vous voyoient résolus à vous « défendre, et qu'ils craignoient, « d'un autre côté, que si quelqu'un

« de vous échappoit, il ne portât
« des plaintes, leur premier dessein
« fut de tâcher de vous surprendre
« et de se défaire de vous. Heu-
« reusement qu'ils ne purent pas
« convenir de la manière dont ils
« s'y prendroient. Ils n'avoient pas
« envie de s'exposer eux-mêmes,
« d'autant plus qu'ils voyoient que
« vous n'étiez pas gens à lâcher prise
« aisément. Il survint, » poursuivit-
il, « une autre circonstance qui
« contribua beaucoup à vous faire
« partir. C'est que le bruit de vos
« richesses s'étant répandu, il ve-
« noit, tous les jours, de divers en-
« droits, des personnes qui pré-
« tendoient avoir part à vos dé-
« pouilles. Baram sentit alors que
« s'il partageoit avec tant de gens,

« il auroit beaucoup moins que s'il
« s'arrangeoit avec vous. Son in-
« térêt particulier le détermina donc
« à vous faire partir de la manière
« qu'il s'y prit. » — Nous fîmes encore demander au frère de l'Aga,
s'il n'avoit jamais parlé de nous
à Baram-Cachef. « Je n'y ai pas
« manqué, » répondit-il ; « je ne
« l'ai jamais vu une seule fois, sans
« lui représenter le tort qu'il se fe-
« roit, s'il vous maltraitoit. L'Ef-
« fendi se joignoit à moi, mais le
« tyran nous chargea d'injures, et
« nous menaça d'en user avec
« nous, comme avec vous. Je nom-
« mai une fois mon frère. Baram
« se mocqua de sa recommandation ;
« et cependant le misérable a osé lui
« écrire, qu'à sa considération, il

« vous avoit témoigné toute la civilité
« imaginable, et rendu tous les
« services qui dépendoient de lui. »
Le bon vieillard nous détailla encore une infinité de circonstances,
que nous ignorions, et il s'étendit
beaucoup sur la cruauté de Baram, ce
que nous avions moins de peine à
croire, que quand il nous en avoit
parlé d'avance. Au reste, ce frère
de l'Aga ne nous avoit pas été d'un
grand secours dans notre voyage.
Il craignoit, encore plus que nous ;
et il étoit d'un caractère trop fleg-
matique, pour se remuer comme
il faut, dans une occasion déli-
cate. Je m'imagine pourtant que
Baram - Cachef l'auroit souhaité
bien loin. Un témoin de cette espèce devoit l'embarrasser ; et il n'y

avoit pas moyen de le tuer. Son frère étoit trop proche voisin, et trop puissant, pour être offensé impunément.

Nous nous félicitâmes d'avoir échappé à un si grand péril; et quoique nous eussions encore bien des difficultés à surmonter, avant d'arriver au Caire, ce n'étoit plus rien en comparaison des dangers que nous avions courus à Derri. Nous n'oubliâmes pas de faire quelques présens au bon homme; et il ne faut pas demander s'il en fut charmé.

Le jeudi, 16 janvier, vers midi, mourut Ibrahim Aga. Son fils nous envoya annoncer cette mort, et nous fit dire en même temps qu'il succédoit au gouvernement. Nous l'envoyâmes complimenter, et nous lui

lui fîmes porter, en présent, plusieurs choses qu'il avoit paru souhaiter. En reconnoissance, il nous donna le soir une garde de trois janissaires, en nous faisant dire que comme il ne pouvoit pas garantir, qu'il ne survînt quelques troubles à l'occasion de la mort de son père, il avoit cru qu'il convenoit de nous mettre en sûreté. Il fallut prendre en bonne part cette attention, dont nous l'aurions volontiers dispensé. Nous aurions mieux aimé n'avoir point de garde, tout nous étoit suspect : aussi, tant que les janissaires restèrent auprès de nous, deux de nos gens veillèrent, la nuit, tour-à-tour. Il ne nous arriva néanmoins aucun accident.

J'avois été, le matin, me promener sur une hauteur, d'où j'aperçus notre barque, qu'on faisoit descendre du port par la cataracte. On employoit dans quelques endroits des chameaux, qui la tiroient au moyen d'une corde ; et dans d'autres endroits, des hommes faisoient cet office. C'étoit un ouvrage bien lent, et qui me fit craindre que notre voyage n'en fût retardé de quelques jours.

Le 17, le 18 et le 19, il ne se passa rien de bien intéressant. Comme le nouvel Aga nous avoit recommandé de ne point sortir, nous ne nous éloignâmes pas beaucoup de notre demeure. Nos gens s'amusoient à chasser ; et nous fîmes des provisions pour notre prochain voyage.

Le lundi, 20 janvier, au soir, notre Raïs vint nous avertir qu'à la fin il étoit arrivé avec la barque, qu'elle étoit attachée au-dessous de la citadelle, et qu'il espéroit, le lendemain, ou pour le plus tard, le jour d'après, l'amener à l'endroit où se faisoit l'embarquement.

Mardi, 21 janvier. Ce jour-là, le vent étoit trop fort, pour entreprendre de conduire la barque dans l'endroit d'où nous devions partir. De plus, c'étoit le jour de Pâques des Turcs.

Le mercredi, 22 janvier, les mêmes raisons empêchèrent la barque de descendre. Ce jour l'Aga nous envoya une brebis et du pain blanc, fait à l'occasion de la fête.

L 2

Il nous les fit présenter au nom de sa sultane ; ce qui , dans le langage du pays , vouloit dire : « Vous avez « oublié de lui faire un présent ; « pensez-y, et réparez votre faute.»

Le jeudi, 23 janvier, la barque arriva enfin le matin à sa place. J'allai la voir ; et je la trouvai assez spacieuse. Elle ne tiroit qu'un pied et quelques pouces d'eau , étant vide ; et elle étoit à fond plat. Toutes ces sortes de barques sont construites de bois de sycomore , bois dont sont aussi faites les caisses des momies. Il est extrêmement dur ; et l'on peut dire que les barques sont très-fortes. Cela n'empêche pourtant pas qu'il n'en périsse un grand nombre, tant à cause de leur mauvaise construction , qu'à cause de l'ignorance des pilotes, qui ne savent pas gouverner.

Vers le soir, nous envoyâmes quelques clincailleries à la femme de l'Aga, qui nous fit dire qu'elle en étoit très-satisfaite. Mais son époux se plaignit au Juif de ce que nous n'étions pas assez généreux à son égard ; et il ajouta qu'il étoit juste que nous nous défissions encore de quelque chose en sa faveur. Le Juif répondit que nous avions déjà tant donné, et qu'on nous avoit tant pris, qu'il ne savoit pas, s'il nous resteroit de quoi nous rendre au Caire. L'Aga témoigna qu'il ne se payoit pas de cette réponse. Néanmoins il nous fit dire que le lendemain, il nous enverroit des montures, pour nous conduire à la barque.

L 3

Notre valet juif nous pria de lui permettre de charger des dattes sur lesquelles il feroit quelque profit. Nous étions en droit de disposer de toute la barque , ainsi nous fûmes bien-aises de lui procurer ce petit avantage. Nous lui avançâmes même une douzaine de piastres pour faire cet achat. Nous ne connoissions pas alors , la conséquence de la chose. Sans cela nous ne lui aurions certainement pas accordé la permission qu'il nous demanda.

Le vendredi, 24 janvier, les chameaux arrivèrent le matin, avec des ânes , sur lesquels on devoit charger notre bagage : mais le Raïs fit difficulté de se mettre à l'œuvre, sous prétexte qu'il n'avoit pas touché les dix sévillans que nous avions

remis à l'Aga pour les lui donner. Il
étoit aisé de juger que l'Aga les vouloit retirer pour son courtage. Nous
ne crûmes pas devoir nous mêler
de cette affaire. Nous nous conten-
tâmes d'envoyer le Juif, avec ordre
de porter des plaintes contre le Raïs.
L'Aga fit appeler celui-ci ; il lui
remit les dix sévillans en présence
du Juif, et il l'obligea de déclarer
qu'il les avoit reçus de nous. Cette
procédure étoit dans l'ordre ; mais
l'Aga étoit trop avide pour lâcher
prise si aisément. A peine le Raïs
eut-il reconnu avoir reçu cet argent, que l'Aga lui ordonna de le
lui rendre. Il fit venir ensuite le
Cadi, pour dresser un contrat que
le pauvre Raïs fut obligé de signer,
et qui portoit qu'il avoit reçu les

dix sévillans. On ne sauroit conce-
voir de quelle manière les malheureux sont écorchés par leurs supé-
rieurs, qui tirent d'eux tout ce qu'ils
peuvent.

Nous ne nous rendîmes à bord,
qu'après midi; et nous n'avions pas
encore embarqué tout notre bagage,
lorsqu'il s'éleva une dispute entre
les chameliers et les hommes qui
conduisoient les ânes. Ce ne fut d'a-
bord que des paroles, les injures
succédèrent; et enfin l'on en vint
aux mains. Les uns et les autres se
battirent avec des bâtons, assez
courts et plombés, qu'ils portent
ordinairement. Le peuple, qui accourut bientôt en foule, se mit de
la partie; et en moins de rien, on
vit quatre ou cinq cents hommes

engagés dans la mêlée. Le combat
fut rude. Plusieurs furent renversés
des coups qu'ils reçurent ; et quelques-uns paroissoient à demi-morts.
Pour nous, dès le commencement
de la querelle, nous nous retirâmes
dans notre barque, où nous eûmes
soin de tenir nos armes prêtes, en
cas que l'orage s'approchât trop
près de nous.

Cependant l'Aga, informé de ce
tumulte, envoya une douzaine de
janissaires pour l'appaiser. Leur présence n'en imposa point. Ils furent
obligés de jouer long-temps de leurs
bâtons ; et ce ne fut qu'au bout
d'une demi-heure, qu'ils parvin-
rent à séparer les combattans. Il ne
resta alors qu'un jeune homme,
étendu sur la place. Il étoit griéve-

ment blessé d'un coup de couteau qu'il avoit reçu dans les reins.

La mère de ce malheureux accourut bientôt après que les janissaires se furent retirés. Elle étoit suivie d'une douzaine d'autres femmes. Toutes jetoient des cris épouvantables, et se déchiroient le visage. La mère, entr'autres, se tournoit de temps en temps, vers notre barque, nous donnant mille malédictions, menaçant et jurant de ne point quitter la place, qu'elle n'ait vu couler notre sang, en réparation de celui que son fils avoit perdu.

Nous ne craignions pas beaucoup les menaces de ces femmes, nous appréhendions seulement que leurs cris ne rassemblassent de nouveau

la populace, avec qui nous n'étions
pas curieux de nous compromettre.
Nous fìmes donc avertir l'Aga, qui
envoya deux janissaires, chargés de
chasser ces femmes. Elles se défen-
dirent d'abord comme des enragées.
Il fallut prendre le bâton. Leur courage céda alors à la douleur des coups
qu'elles recevoient. Elles prirent
enfin la fuite, et nous fûmes en repos. Cependant un des janissaires,
selon l'ordre qu'il en avoit reçu,
resta avec nous, pour servir de
garde.

Depuis la mort du vieil Aga,
nous n'avions pas encore vu le nouveau. La loi l'obligeoit à ne sortir
de sa maison, qu'au bout d'un certain temps. Il voulut bien néanmoins l'enfreindre en notre faveur,

ou, pour mieux dire, en faveur de son propre intérêt. Il vint à bord, à minuit, accompagné d'un seul homme, portant une longue pique, ou lance, signe de l'autorité. Je n'étois pas encore couché. J'allai le recevoir; et, après avoir pris le café, il ne tarda pas à me donner à entendre le sujet de sa visite, en me faisant sentir, qu'il étoit bien naturel que nous lui fissions encore quelque présent. Nous lui répondîmes que nous n'ignorions pas que nous étions ses débiteurs pour le loyer de la maison où il nous avoit logés, et qu'il devoit compter qu'avant de partir, nous aurions soin de nous acquitter. Quand il vit que notre intention répondoit si bien à ses vues, il changea de discours, et nous pria

de

de vouloir bien nous charger des
lettres, qu'il écrivoit aux puissances
du Caire, et par lesquelles il demandoit d'être continué dans sa charge,
sans être obligé d'aller, en personne,
solliciter cette confirmation. Au
bout de quelques heures d'entretien,
il nous quitta, en nous souhaitant
un bon voyage, et nous promettant
d'ordonner notre départ, pour le
dimanche suivant.

Samedi, 25 janvier. L'endroit,
où l'on avoit attaché notre barque,
étoit à un quart de lieue de la citadelle d'Essouan. Nous avions devant
nous, une plaine d'environ cent
trente toises ; c'étoit un terrain que
l'écoulement des eaux du Nil avoit
laissé à sec. Cela nous éloignant de
la terre ferme, nous nous occupions

à tirer des corbeaux et des poules de Pharaon, parce que notre voisinage ne nous fournissoit pas d'autre gibier.

Vers midi, nous eûmes un spectacle qui nous inquiéta un peu. Une vingtaine de personnes à cheval, parurent vouloir s'approcher de la barque. L'escadron étoit précédé d'une longue pique, ce qui marquoit qu'il y avoit dans la troupe un Schech arabe. Quand nous vîmes qu'ils s'avançoient effectivement vers nous, nous prîmes tout de bon l'alarme, et nous songeâmes à nous défendre. Lorsqu'ils furent à dix pas de la barque, ils mirent pied à terre, ils attachèrent leurs chevaux, plantèrent la pique, et avancèrent assez près de nous, le pistolet au ceinturon. Nous les fîmes prier alors, par un interprète, de ne pas approcher davantage, sans nous dire ce qu'ils souhaitoient. A cette sommation, le Schech s'arrêta et ordonna aux autres d'en faire autant. Il porta lui-même la parole, et nous dit, que nous ne devions prendre ombrage, qu'il n'étoit venu que pour nous voir, parce qu'il avoit entendu dire que nous avions été à Derri, et qu'il souhaitoit de nous connoître.

Persuadés qu'il n'avoit pas mauvaise intention, nous nous rendîmes auprès de lui, et nous l'invitâmes à entrer dans notre barque, à condition qu'il y viendroit seul. Il nous remercia civilement de notre offre. Alors nous lui fîmes présenter du café et du sorbet. Il en prit ; et après nous avoir fait plusieurs questions sur notre voyage, il prit fort honnêtement congé de nous, remonta à cheval, et s'en alla comme il étoit venu.

Le Raïs demanda, ce jour-là, qu'on lui avançât une quinzaine de sévillans. Il nous représenta qu'il n'avoit pas touché la moindre chose des dix premiers que nous avions avancés ; qu'il avoit absolument besoin d'argent pour faire des provisions, et pour donner quelque chose à son équipage. Il étoit de notre intérêt de l'aider de notre mieux, afin qu'il hâtât d'autant plus notre départ. Nous lui donnâmes donc ce qu'il nous demandoit. Mais nous ne savions pas que c'étoit un piége qu'il

nous tendoit. Le Juif et lui s'enten-
doient ensemble. Ils employèrent
tous deux leur argent à acheter des
dattes, qu'ils chargèrent sur la barque, et qui nous exposèrent par la
suite à bien des avanies.

Sur le soir, le Raïs, qui nous
avoit conduits du Caire à Essouan,
vint nous voir, et nous présenta un
mouton excellent, avec un panier
de pain de Pâques. Nous reconnû-
mes, comme nous devions, sa générosité. Il étoit janissaire et vivoit
avec une certaine aisance. Je dois
pourtant avertir que quoique tous
ceux qui font partie de la milice de
ce pays, prennent le nom de janissaires, ce ne sont pourtant que des
Assafs.

Le dimanche, 26 janvier, notre

M 3

Raïs et le Juif achevèrent de charger leurs dattes. Ce même jour, le Raïs, qui nous avoit menés à Derri, et nous en avoit ramenés, vint à bord. Il ne demandoit pas moins qu'un habit et une dixaine de piastres. Nous l'envoyâmes au Cadi, qui jugea qu'il n'avoit plus rien à prétendre de nous. Cette sentence coûta une piastre, y compris les frais de l'accord, dressé par le Raïs, qui devoit nous conduire au Caire.

Vers le soir, nous envoyâmes en présent à l'Aga, un paquet de riz, d'épiceries et de quelques autres bagatelles, avec quatre sévillans pour le loyer de sa maison. Il parut content du premier article, mais il faisoit difficulté d'accepter l'argent, parce qu'il trouvoit la somme trop modique. Cependant l'interprète lui ayant représenté qu'il n'étoit pas de son intérêt de nous chagriner, puisque cela pourroit nous porter à le desservir au Caire, il accepta l'argent, et donna ses ordres pour notre départ. Il nous fit remettre en même temps les lettres dont il nous chargeoit; et nous appareillâmes aussitôt, pour être en état de partir la nuit, ainsi que l'Aga l'avoit conseillé pour notre plus grande sûreté.

Lundi, 27 janvier. Une heure après minuit, nous mîmes à la rame. Le vent, qui venoit du nord, souffloit assez fort, et nous retardoit; mais vers midi il tomba entièrement, ce qui fit que, sans nous arrêter nulle part, vers les sept heures du soir, nous gagnâmes

GIESIRET ELL MANSORIA.

Le Cachef d'Esnay campoit dans cet endroit. Il nous fit mettre à terre. Je me rendis auprès de lui avec quelques petits présens. Il me reçut fort civilement, et me fit apporter le café. Mais il refusa absolument ce que je lui présentai, et il me fit dire par l'interprète, que, dans les endroits d'où nous venions, nous avions donné des choses de plus grande valeur, et que nous ne devions pas avoir moins d'égards pour lui. Nous disputâmes beaucoup de part et d'autre ; mais je tins bon ; et tout se termina par faire connoître qu'il souhaitoit quelque chose de plus.

Pour parvenir à son but, il offrit

de nous faire accompagner par une douzaine de ses soldats, « Les Ara- « bes, » dit-il, « rendent le passage « dangereux ; et depuis peu, ils ont « tué un Effendi, qui venoit de « Girgé.» Je le fis remercier de sa bonne volonté, et je m'excusai d'ac- cepter ses offres, sous prétexte que nous étions trop étroitement logés dans notre barque, pour y recevoir quelqu'un. « Du reste, » ajoutai-je, « nous sommes assez forts pour ré- « sister à ceux qui oseroient nous « attaquer. » Je le priai seulement de nous laisser partir le même soir ; mais il n'y voulut pas consentir. Il promit cependant de nous expédier le lendemain.

Ce Cachef étoit turc de naissance. Il avoit suivi la fortune d'un Bey, qui s'étoit révolté contre le gouvernement du Caire ; et il avoit lui-même tué un autre Bey, envoyé contre son maître. Ce dernier ayant enfin succombé, et s'étant noyé dans le Nil, l'autre se retira auprès des princes Arabes, qui lui accordèrent leur protection, et le firent ensuite leur Cachef à Esnay.

Le mardi, 28 janvier, ce même Cachef, nous envoya de grand matin, un présent de deux moutons bien gras, avec un grand panier de pain. Il fallut répondre à cette honnêteté, par un autre présent plus considérable. Il eut donc du drap rouge, pour un habit, du savon, des épiceries, du café et d'autres choses. Il fut content, et ordonna au Raïs de partir dans deux heures. Il ne laissa pas dans cet intervalle, de nous envoyer plusieurs messages, pour nous demander tantôt une chose, tantôt l'autre ; et comme il ne demandoit véritablement que des bagatelles, on ne lui refusa rien.

Dans un entretien, il montra au père interprète un morceau de marcassite, et il demanda comment on pouvoit en tirer l'argent. Le bon père se tira d'affaire le mieux qu'il put. Le Cachef, persuadé, comme tout le peuple du pays l'est généralement, que les Francs n'ignorent rien, chargea le père de demander à nos gens, si quelqu'un d'entr'eux vouloit rester avec lui, pour mettre en valeur les mines d'argent, qu'il disoit très-abondantes dans les montagnes. Il promit d'enrichir celui qui accepteroit sa proposition, mais chacun la refusa.

Nous étions prêts à partir, quand il vint un nouveau message, portant que le Cachef nous demandoit quelque chose, capable de le rendre plus fort dans son serrail. Nous ne pûmes nous empêcher d'éclater de rire à cette proposition. Pour répondre néanmoins, en quelque manière, à sa confiance, nous lui envoyâmes deux bouteilles d'eau de la reine de Hongrie, et nous lui conseillâmes d'en prendre une bonne dose, soir et matin.

Nous partîmes aussitôt ; et nous nous trouvâmes dans peu, vis-à-vis de l'ancien temple de

KONOMBOU.

Je mis pied à terre pour l'aller voir.

voir. Chemin faisant, je remarquai qu'une grande quantité de poules de Pharaon suivoit le petit camp du Cachef. Il y en avoit de blanches avec les aîles noires, et d'autres étoient entièrement noires. Elles se nourrissoient de ce qu'on jetoit; et elles passoient entre les tentes, comme des oiseaux apprivoisés.

Il régnoit un grand calme; et nos rameurs aidés du courant, nous firent faire bonne route. Un peu après midi, nous étions déja arrivés à

TSCHIBAL ESSELSELE,

C'est-à-dire, la montagne de la Chaîne. Notre Raïs qui étoit convenu de nous mettre à terre par-tout où nous voudrions, fit beaucoup de difficultés pour s'arrêter. Il eut beau

faire, je descendis, et je me mis
d'adord à dessiner et à mesurer tout
ce que je trouvai de remarquable.
J'avois à peine commencé, que le
valet juif vint m'avertir de me retirer dans la barque, parce qu'on
avoit aperçu une troupe d'Arabes
qui s'approchoient. J'avois été si
souvent la dupe de pareils avis, et
j'avois tant de peine à me faire
mettre à terre dans les endroits où
la curiosité m'appeloit, que je ren-
voyai mon homme sans vouloir l'é-
couter; et je continuai mon travail.

Peu de temps après, un autre de
nos gens fut dépêché pour me dire,
que le Raïs détachoit la barque,
afin de s'en aller. Je ne fis pas plus de
compte de ce second avis que du

premier. J'avois commencé, et je voulois finir. Je retins mon homme avec moi, en lui faisant entendre que la barque n'iroit pas loin, et que nous la rejoindrions bientôt. Je travaillai ainsi tranquillement toute l'après-dinée jusqu'au soir. Je visitai les grottes voisines, et ne quittai là place, que quand l'obscurité de la nuit, qui commençoit, ne me permit plus de voir les objets.

J'avois cependant un bon chemin à faire, avant que de pouvoir joindre la barque, et je ne m'y rendis pas sans peine. A mon arrivée, chacun de mes compagnons me reçut en riant de la terreur panique, qui les avoit saisis; car ils m'apprirent que la prétendue troupe d'Arabes n'avoit consisté qu'en une vingtaine de chameaux suivis de leurs chameliers. Je fis pourtant un peu le fâché ; et j'avois sujet de l'être. Je remarquois , à mon grand étonnement , que les périls passés, avoient fait une trop forte impression sur l'esprit de quelques-uns de nos gens. Le Juif , qui avoit des dattes dans la barque , étoit plus craintif que jamais ; et le Raïs , fripon fieffé , avoit fait tant de coquineries, tout le long du Nil , qu'il trembloit de peur , quand il entendoit une feuille tomber. C'étoit d'ailleurs le même qui avoit conduit le père Sicart , lorsqu'il fit son voyage de la haute Égypte. Ce Raïs savoit beaucoup de choses touchant ce père ; mais j'étois surpris de ce que l'ayant accompagné par-tout, il n'étoit pas

meilleur guide. Il nous avoit montré dans la matinée de quoi il étoit
capable.

Avant d'arriver à la montagne
de la Chaîne , nous avions passé
devant un endroit où un jeune
homme gardoit quelques brebis.
Le Raïs lui dit des injures , et l'enfant lui répondit sur le même ton.
Piqué de la réponse, le Raïs se jette
sur un fusil chargé à trois balles ,
qui étoit toujours en cet état , hors
de la tente ; et tire sur le troupeau
de brebis. Nous avions cru qu'il
ne prenoit cette arme que pour faire
peur à l'enfant ; mais lorsqu'il l'eût
tirée , nous en fûmes très-scanda-
lisés. Heureusement il ne tua rien.
Ce qui nous surprit beaucoup , c'est
que l'enfant, au lieu de s'enfuir, de-

N 3

meura ferme sur la place, et se mit à vomir mille injures contre notre homme, qui, pour s'en venger, ne parloit pas moins que de mettre à terre, et de s'emparer de toutes les brebis. Son équipage ne valoit pas mieux que lui.

Nous continuâmes de descendre à la rame jusqu'à minuit, que nous nous trouvâmes devant

BOUEBBE.

Le mercredi, 29 janvier, le calme dura toute la nuit, et même tout le jour suivant, ce qui nous fit avancer. Nous vîmes de temps en temps des crocodiles. Nous tirâmes dessus, sans pouvoir en tuer aucun.

L'après-midi, nous aperçûmes sur le haut d'une montagne, un édifice, qui nous parut avoir été construit par les Sarrasins, et à quelques lieues de là, je remarquai des ruines dans une vallée, derrière la montagne. Il n'y eut pas moyen d'y aller. Je n'aurois pu y arriver que dans la nuit. Le Raïs, outre cela, s'y opposoit ; et d'ailleurs, le temps étoit si favorable pour descendre le fleuve, qu'on crut devoir en profiter.

Je fis alors une convention avec le Raïs, pour qu'il nous arrêtât à Luxor et à Carnac ; et je lui protestai que s'il y manquoit, il perdroit tout ce qu'il devoit encore avoir pour notre passage. Il me le jura par sa barbe ; et pour être plus sûr de mon fait, je promis de lui. donner une piastre, lorsque je serois de retour de ces deux endroits.

Vers minuit, nous arrivâmes devant

TOURRAEG.

Nous y tronvâmes sept à huit barques, qui étoient à terre, et qui s'appeloient mutuellement l'un l'autre, comme c'est la coutume du pays. Il y avoit dans ce lieu deux Schorbatschies d'Essouan, qui devoient signer les lettres que l'Aga écrivoit aux puissances du Caire. Nous les leur envoyâmes par le Raïs; et dès qu'ils les eurent signées, nous mîmes au large.

Jeudi, 30 janvier. Nous avions

continué, toute la nuit, à faire bonne route à la faveur du calme. Il en fut de même dans la matinée; mais vers midi, il se leva un vent de nord, très-fort; et notre gouvernail se cassa. Il nous fallut rester au milieu du Nil, entre le vent et le courant, qui se combattoient, et qui occasionnoient un si grand roulis, que quelques-uns de nos gens en furent malades. Nous fîmes cependant si bien jouer nos rames, qu'à la fin nous approchâmes de la terre à

DOUREG.

Tandis que nous y étions, il passa une petite barque, dans laquelle il y avoit trois Francs. Nous remîmes presque aussitôt à la rame, de sorte

que vers midi, nous arrivâmes vis-
à-vis d'

ESNAY.

La première chose à laquelle
nous songeâmes, fut de faire réparer notre gouvernail. Nous demandâmes ensuite des nouvelles des
Francs, que nous avions rencon-
trés ; mais personne ne put nous en
dire rien de positif. Tout ce que
nous apprîmes, ce fut qu'ils avoient
été voir l'ancien temple, où ils
avoient voulu rompre une pierre ;
mais que le peuple s'y étoit opposé.
Je savois déja, par ma propre ex-
périence, que ce n'étoit pas une
chose à tenter.

Le vent venoit toujours du nord,
et il étoit encore très-fort, de sorte

que nous passâmes la nuit devant Esnay.

Le vendredi, 31 janvier, j'allai, de grand matin, considérer de nouveau l'ancien temple; mais dans l'instant, je me vis entouré d'une telle foule de monde, que je fus contraint de songer à la retraite. Les habitans d'Esnay sont la plus méchante canaille, que j'aie jamais rencontrée. Notre Raïs en étoit, et ne démentoit point son origine.

Il doit y avoir, aux environs d'Esnay, un autre temple ancien. Je m'en informai, et personne ne put m'en donner des nouvelles. Notre Raïs, qui avoit conduit le père Sicart, n'en savoit pas davantage, ou ne voulut pas me donner satisfaction. Il me dit seulement que ce père avoit perdu tous ses papiers, en allant au couvent Copte; mais qu'il les lui avoit fait rendre. Il ajouta que le même voyageur avoit été fort maltraité dans ce couvent.

Notre gouvernail se trouvant refait, nous quittâmes Esnay, quoique le vent de nord continuât, et fût toujours très-fort. Il étoit huit heures du soir, quand nous partîmes; et à minuit, nous n'étions pas encore hors de la vue d'Esnay. Nous mouillâmes alors, à une demi-lieue de cette ville, et au milieu du Nil.

Samedi, premier février. Dès la pointe du jour, nous levâmes le grapin, pour essayer de faire route. Cependant le vent du nord, qui devint

devint encore plus violent, nous obligea bientôt de remettre à terre. Nous mouillâmes à

ELL ARDIE,

Lieu, situé sur la rive occidentale du Nil, entre Esnay, et Asfoun. Nous y demeurâmes tout le jour. Nos gens allèrent à la chasse, et tuèrent une douzaine d'oies du Nil. Le soir, nous voulûmes éprouver si nous ne pourrions point avancer ; mais le vent étoit encore trop fort. Nous fûmes forcés de remettre à l'attache, auprès d'une petite île, que l'écoulement du Nil avoit formée.

Dimanche, 2 février. Tous nos efforts n'aboutirent, ce jour, qu'à traverser le Nil, et à gagner l'autre bord du fleuve, vis-à-vis d'

ASFOUN.

Nous avions devant nous une grande plaine qui n'étoit guère cultivée. Elle s'étendoit en largeur, l'espace d'un quart de lieue, après quoi les montagnes s'élevoient de nouveau. Vers le soir, le vent ayant tombé entièrement, nous détachâmes la barque, et nous fîmes route jusqu'à

SCHAGAB.

La nuit approchoit; et nous aurions bien pu continuer à descendre le Nil; mais nous prîmes le parti d'arrêter, afin de faire le lendemain provision de bois, dont nous avions

grand besoin. Le village de Scha-
gab est situé à une portée de fusil de
la rive occidentale du fleuve, et
à égale distance des montagnes. Il y
a aux environs des dattiers, avec un
bosquet d'arbres de différentes espèces. Le terrain n'est pas très-étendu,
mais il est bien cultivé.

Lundi, 3 février. Peu de temps
après que nous eûmes mis à la rame,
nous vîmes plusieurs crocodiles.
L'après-midi, nous passâmes devant les antiquités d'Arment. Je
voulois y mettre pied à terre ; mais
le Raïs me fit représenter que si j'y
allois, il lui seroit impossible de me
descendre à Luxor, où nous devions
arriver le soir. Je n'insistai pas davantage, et nous continuâmes à faire
route.

MAGSCHERADONE.

Ce passage est difficile , et même impraticable, au moindre vent qu'il fait. La raison en est que le Nil n'y a point de courant. Quand nous y fûmes , le Raïs eut soin de me le faire remarquer , afin de mieux excuser le refus de me faire aborder à Arment. Enfin nous arrivâmes à

LUXOR.

On ne peut pas y aborder dans cette saison , parce que l'eau est trop basse. Nous mîmes à terre, à un quart de lieue du village , hors duquel sont les principales antiquités. Je proposai au Raïs d'y aller dans la nuit. Il approuva mon dessein , et offrit de m'y accompagner. Quelques-uns des nôtres en firent autant.

Nous partîmes à minuit, et nous arrivâmes à ces antiquités , sans rencontrer personne. Les Arabes se défient si fort les uns des autres , qu'ils se retirent avec le soleil , et ne reparoissent qu'à son lever.

Mardi, 4 février. J'eus tout le temps qu'il me falloit pour mesurer ces belles antiquités; et j'avois même fini , avant que le jour ne parût. Je voulus tenter d'aller mesurer aussi les antiquités , qui sont dans le village; mais à peine m'en fus-je approché, que l'aboiement des chiens m'obligea de me retirer. Nous prîmes donc le parti de nous rendre à la barque.

Le matin, je retournai à Luxor.

O 3

Nos gens amusèrent les Arabes, qui accouroient pour acheter des provisions ; et ils les occupèrent assez long-temps pour que je pusse employer la meilleure partie de la matinée à prendre les mesures , qui me manquoient.

A onze heures nous nous rendîmes à la barque , et nous mîmes d'abord au large , dans le dessein de nous rendre à

CARNAC.

Comme le Nil n'avoit, de ce côté-là , que très-peu de profondeur, il nous fallut faire plus de deux lieues, avant que de trouver une place , où nous pussions mettre à terre. Le temps étoit calme , et le courant assez fort ; de sorte que nous fîmes ce chemin en moins de deux heures.

Je ne tardai pas à mettre pied à terre, pour aller aux ruines, quoique je fusse très-fatigué du travail que j'avois fait dans la nuit. Notre Raïs, qui s'en aperçut, m'offrit de me procurer un cheval, et j'acceptai volontiers son offre. Il m'en amena un, qui ne paroissoit pas être un fameux coursier. Sa mine étoit trompeuse. A peine fus-je dessus, qu'il partit comme un éclair, et m'emporta bien loin, sans qu'il me fût possible de le gouverner. La bride ne consistoit qu'en une ficelle ; et la selle, qui étoit de bois, ne se trouvoit guère bien sanglée. Qu'on ajoute à cela, que je ne suis pas des meilleurs cavaliers du monde. J'avoue que j'étois dans une situation peu agréable. Je me tenois pourtant ferme, à force de serrer les genoux, que j'eus bien écorchés. A la fin, j'eus le bonheur de rencontrer un dattier. Je fis donner mon cheval droit contre cet arbre, il en fut épouvanté, et s'arrêta tout court, jusqu'à ce que nos gens vinssent à mon secours. Je descendis alors bien vîte; et je me rendis à pied à l'endroit, qui faisoit l'objet de ma curiosité.

Je dessinai à la hâte, tout ce qui me parut en mériter la peine. Je me pressois, parce qu'on nous avoit aperçus, et je me doutois qu'on accourroit bientôt en foule autour de nous. Je ne me trompai nullement. En allant, nous n'avions rencontré parmi les ruines, que deux

ou trois personnes ; mais au retour,
nous trouvâmes tout le chemin semé
de pelotons d'Arabes , qui demandèrent tous le *Backsich*. Je leur fis
dire que je ne portois jamais rien
sur moi ; mais qu'ils pouvoient me
suivre à la barque , où je leur donnerois quelque chose. Il y en eut qui
nous suivirent; d'autres se retirèrent
tranquillement.

En arrivant à la barque , nous y
trouvâmes un Schech arabe , non
pas de ceux qui vivent en princes ,
mais tel que celui que j'avois rencontré de l'autre côté du Nil ,
lorsque j'allai visiter les ruines de
Thèbes. Il nous fit d'abord demander un droit qu'il prétendoit lui être
dû , parce que nous étions descendus sur ses terres. Nous fîmes la

sourde oreille. Alors il se borna à
nous prier de lui faire présent d'un
peu de poudre et de quelques balles.
Nous lui en donnâmes, sans songer à la conséquence ; mais il n'eut
pas plutôt ce qu'il avoit souhaité,
qu'il chargea son fusil, le banda,
et demanda avec hauteur, qu'on lui
payât son droit. Nous savions qu'il
ne lui en étoit dû aucun. Ainsi nous
sautâmes sur nos armes ; et en les
lui présentant fièrement, nous le
menaçâmes de le renverser mort
sur la place, s'il ne posoit à l'instant son fusil par terre.

L'ordre étoit pressant, et trop
bien soutenu, pour que le Schech
n'y obéît pas. Il débanda son fusil,
sans la moindre difficulté, et il nous
pria d'être persuadés qu'il n'avoit

eu aucune mauvaise intention contre nous. « Ce n'est qu'au Raïs, »
dit-il, « à qui j'en veux. » Nous lui
fîmes entendre que quiconque offensoit notre Raïs nous offensoit. Il
ne souffla pas après cela, voyant
bien qu'il n'y avoit rien à gagner
avec nous.

Les Arabes, qui nous avoient
suivis jusqu'à la barque, commen-
cèrent alors à se faire entendre. Ils
demandèrent le backsich, qui leur
avoit été promis. Notre réponse
fut courte. Nous leur montrâmes
nos armes, et nous leur fîmes dire
que ce que nous avions à leur donner étoit dedans. Ils demeurèrent
confus, et n'insistèrent pas davantage. Cependant ils dirent que s'ils
l'avoient sçu plutôt, ils auroient

bien trouvé le moyen de nous empêcher de rejoindre la barque, avant que nous les eussions satisfaits.

En courant avec le cheval, j'avois perdu les papiers, qui contenoient les mesures et les dessins des antiquités de Luxor. Je n'y avois pas pris garde à l'instant, je ne m'en aperçus qu'à Carnac, et j'envoyai d'abord le valet pour les chercher , avec ordre d'offrir le backsich à celui qui les auroit trouvés. J'étois encore aux ruines , quand il revint me dire , qu'il n'en avoit pu avoir aucune nouvelle. J'étois fort en peine, et je ne voyois guère de possibilité à réparer cette perte.

Quelqu'un avoit pourtant trouvé ces

ces papiers, dont le Schech s'étoit emparé, pour en faire son profit. Il n'eut garde de les faire voir d'abord. Il étoit persuadé que nous nous trouverions trop heureux de les racheter, et il vouloit essayer auparavant d'autres moyens, pour tirer quelque chose de nous. Quand il vit qu'il ne pouvoit rien obtenir, il montra enfin les papiers, et offrit de les rendre, moyennant vingt sévillans. Je lui fis répondre que je lui conseillois de les bien garder, que je n'en avois plus besoin; et que j'avois trouvé celui dont j'étois le plus en peine. Je défendis au valet d'en parler davantage, et j'ordonnai au Raïs de détacher la barque pour prendre le large.

On se mit aussitôt en devoir d'exé-

cuter cet ordre; mais le Schech,
qui n'y trouvoit pas son compte,
se jeta, avec quelques Arabes, sur
le matelot, qui détachoit la corde,
et il l'empêcha de suivre sa beso-
gne. Nous accourûmes à son secours.
Nous appliquâmes, à droite et à
gauche, de si rudes coups de crosse
de fusil, que le Schech et les Arabes
furent contraints de lâcher prise.
La barque gagna après cela le courant, et nous fîmes route comme
si nous ne nous inquiétions plus des
papiers.

Ce n'étoit pas ce que souhaitoit
le Schech. Il nous suivit le long
du rivage, jusqu'à ce que la nuit
commençât à venir. Alors, il nous
cria de mettre à terre, qu'il nous
rendroit nos papiers, et qu'il se con-

tenteroit de ce que nous lui donne-
rions. Nous abordâmes effectivement, mais nous cûmes la précaution de ne faire descendre que le
Juif seul, et nous tenions la barque, le plus près de terre qu'il
étoit possible. Les papiers furent
rendus pour une piastre. Je ne saurois exprimer la joie que j'eus en les
recouvrant. Nous reprîmes le Juif,
et nous avançâmes à la rame, jus-
que vers neuf heures du soir, que
nous fûmes obligés d'arrêter.

Mercredi, 5 février. Au lever du
soleil, nous reprîmes les rames, et
nous fîmes route pour

GIERA JOES.

Il y a dans cet endroit quelques
antiquités que j'aurois voulu visiter;

mais ma course du jour précédent fut cause que je ne pus contenter ma curiosité.

Vers midi, dans le temps que nous étions tous retirés dans la tente, à l'exception de quelques-uns, qui étoient à terre, la fantaisie prit à un jeune homme, fils du Raïs, et déja à-peu-près aussi coquin que son père, de jouer avec notre fusil de garde. Il s'y prit si bien, qu'il vint à bout de le tirer. Le coup fit un grand trou dans la barque, mit le feu à notre tente, faillit à tuer un de nos gens; et, par le plus grand bonheur du monde, la foule qui accourt dès qu'on voit arriver une barque, s'étoit retirée; sans quoi quelqu'un auroit assurément été ou tué, ou grièvement blessé.

Jeudi, 6 février. Avec le jour, le Raïs éveilla son monde, et annonça qu'il falloit partir. Le pilote n'étoit pas de cet avis. Le Raïs et lui se querellèrent; et l'affaire auroit été plus loin, si nous ne nous fussions approchés pour les appaiser. On mit à la voile jusqu'à midi, qu'il s'éleva un grand vent, qui nous obligea de nous arrêter à

EBBENOUHOUD.

Le Raïs nous demanda dans cet endroit, la permission de chasser son pilote, et nous y consentîmes aisément. Cette permission obtenue, ils allèrent trouver le Cadi. Le pilote perdit son procès et la moitié de ses gages. Il vint ensuite à bord y prendre ses hardes, et il s'en alla.

Nous restâmes tout le jour dans ee lieu. Le vent étoit au nord, et trop fort pour pouvoir avancer.

Vendredi, 7 février. Le vent souffloit toujours du même côté, et avec la même force. De plus, notre barque s'étoit ouverte à la proue, et faisoit beaucoup d'eau. C'en étoit plus qu'il n'en falloit pour nous retenir. Le Raïs fit venir un charpentier, qui acheva vers le soir de remédier au mal. Le vent, étant alors un peu tombé, nous fûmes en état de faire route, jusqu'à neuf heures, que nous mîmes à terre au bord occidental du Nil sur le territoire de

DENDERA.

Je parlai de descendre à terre, pour voir une antiquité. Le Raïs fit

le difficile, comme à son ordinaire..
J'eus beau le solliciter, et même lui offrir de l'argent, il n'y eut pas moyen
de le persuader. Nos gens opposèrent
aussi mille obstacles. Ils craignoient
qu'on arrêtât la barque, pour lui
faire payer quelque droit. Enfin
personne ne fut d'humeur de m'accompagner. Il n'y eut pas jusqu'au
valet, qui s'en excusa sous prétexte
qu'il ne savoit pas le chemin. Nous
l'aurions bien trouvé, si quelqu'un
avoit voulu faciliter la descente.

Samedi, 8 février. Un peu après
minuit, on mit à la rame. Je dor-
mois; et l'on eut soin de ne me point
avertir du départ. Le matin à mon
réveil, je me vis si éloigné de Den-
dera, qu'il n'y avoit plus d'espérance de voir des ruines, qui après

celles de Thèbes, tenoient la première place dans mon esprit, sans en excepter celles qui sont du côté de la cataracte. Je ne pus m'empêcher de faire sentir le déplaisir que j'éprouvois ; mais chacun s'excusa le mieux qu'il put. Vers le soir, nous mîmes à terre proche de

REIESIE.

Dimanche, 9 février. Lorsque le jour commença à paroître, nous mîmes au large. Vers midi, nous nous arrêtâmes aux environs de

HAU.

Il y a tout auprès de cette ville, un amas de pierres, restes d'un édifice antique tout-à-fait ruiné. Je descendis pour voir la ville, où je remarquai qu'on a employé pour bâtir les maisons, des morceaux de colonnes et d'autres pierres, tirées de quelques bâtimens anciens. Je me mis en chemin pour aller faire la visite des ruines que j'avois aperçues. Il me fut impossible d'y arriver. Le vent étoit si fort, et il élevoit tant de sable, qu'il n'y avoit pas moyen de tenir les yeux ouverts. Il fallut absolument rebrousser chemin.

Le calme étant revenu, vers le soir, nous mîmes de nouveau à la rame, et quoique nous eussions ensuite une nuit très - obscure, nous ne laissâmes pas de faire si bonne route, que vers les onze heures du soir, nous avions déja passé

BAGJOURA.

A une petite distance au-dessus
de cet endroit, nous donnâmes sur
un banc de sable, où nous restâmes
jusqu'au lendemain.

Lundi, 10 février. Nos gens tra-
vaillèrent beaucoup pour dégager
la barque. Ils se mirent tous dans
l'eau pour la soulever. Le Raïs les
aidoit avec une longue perche; mais
elle se cassa, et il tomba alors dans
l'eau. On le retira; et l'on commença à faire d'autres efforts, qui
mirent enfin la barque à flot.

Comme l'équipage s'étoit extrêmement fatigué dans cette manœu-
vre, nous abordâmes pour le laisser reposer. Au bout de quelque

temps, nous remîmes à la rame, et nous arrivâmes à

SAHOUAGGEL.

Le terrain cultivé, aux environs de ce village, n'a guère plus de cinquante pas de largeur. Les montagnes commencent au-delà, et l'on y aperçoit quantité de grottes et plusieurs carrières.

Pour continuer notre route, nous prîmes à l'orient du Nil ; et nous eûmes beaucoup de peine à avancer. Le lit du fleuve avoit changé cette année, et avoit jeté des bancs de sable, au travers du passage. Nous en surmontâmes trois, avec bien du travail ; et nous en trouvions toujours quelques autres devant nous. Le Raïs étoit obligé d'aller de temps en temps à terre, pour s'informer des profondeurs. On lui fit espérer qu'après qu'il seroit un peu plus avancé, il y auroit assez d'eau. Nous prîmes courage là-dessus; et tantôt on se servoit de rames, tantôt on avoit recours à la corde, lorsque le besoin l'exigeoit. Par ce moyen nous sortîmes des bancs, et nous fîmes diligence.

Mardi, 11 février. Le matin, à six heures, nous remîmes à la rame; et nous fîmes bonne route, parce que nous n'avions pas beaucoup de vent. Nous étions déja, à neuf heures, près de

BELLIENE.

Nous fûmes obligés, dans cet endroit, de prendre le long de la rive

rive orientale du Nil, parce que l'autre côté n'avoit presque point d'eau, cette année. Quand nous fûmes un peu plus loin, le vent devint fort, et nous força de mettre à terre. L'après-midi, le vent étant tombé, nous reprîmes notre route; et nous avançâmes tant, que nous passâmes au-delà de

BARDIS.

Nous fûmes alors tellement engagés dans des bancs de sable, que nous ne savions comment nous pourrions faire pour en sortir. Deux grandes barques, chargées de séné, avoient déjà déposé leur charge à terre, depuis sept jours, sans avoir pu se remettre à flot. Nous craignions de nous voir dans la nécessité d'en faire autant. Mais nous attrapâmes un petit canot, et nous promîmes à l'homme, qui étoit dedans, de le bien payer, s'il pouvoit trouver un débouché pour nous tirer de ce labyrinthe. Il en vint à bout; et nous continuâmes notre route, de sorte que vers neuf heures du soir, nous arrivâmes à

GIRGE, ou TSCHIRGE.

Mercredi, 12 février. Le matin, nous descendîmes à terre pour faire des provisions. Un des pères de l'hospice nous demanda passage pour aller au Caire; et nous le lui accordâmes avec bien du plaisir. Le Bey de Girge n'étoit pas encore de retour : mais le prince d'Achmiin se trouvoit dans cette ville; et il devoit se rendre à Bardis , pour y tenir une assemblée générale de tous les Schechs arabes.

Nous étions prêts à partir , et nous croyions que rien ne pouvoit nous arrêter : mais notre Raïs et le valet juif y avoient mis bon empêchement. Au lieu de déclarer à la douane une charge de trente *Ardebs*, ils n'en avoient déclaré que quatre. Les douaniers s'en aperçurent aisément en faisant la visite ; de sorte qu'ils arrêtèrent la barque, qu'on ne put délivrer qu'en payant pour ceux à qui appartenoient les dattes. Nous fûmes chercher le Raïs, qui avoit eu soin de se mettre à l'écart, en prenant les devants. Il étoit trop connu dans cet endroit pour s'y montrer. Cependant, il avoit eu l'attention d'engager un pilote, qui vint à bord.

Toute l'après-midi se passa à réparer la faute commise par nos deux commerçans. Le directeur de la douane vint lui-même à notre barque ; et après quelques complimens, il nous fit dire qu'il étoit bien fâché de nous demander d'ouvrir quelques-uns de nos coffres. « Le « bruit, » ajouta-t-il, « s'est répandu par la ville, que vous avez « avec vous quantité de caisses remplies d'armes ; et je crois que, « pour votre sûreté, et pour la « mienne, le mieux est que vous « en ouvriez quelques-unes.» Nous trouvâmes sa demande raisonnable, et nous ne balançâmes pas un moment à le satisfaire ; nous lui donnâmes le choix des caisses, il en fit ouvrir deux en présence des douaniers et d'autres personnes qui l'avoient suivi. Il n'y trouva que des choses nécessaires pour notre voyage, et il prit ensuite congé de nous fort civilement.

Il n'eut pas plutôt quitté la barque que nous partîmes. Nous fîmes peu de chemin ; car nous nous engravâmes fortement ; et après avoir mis la barque à flot, nous descendîmes à terre, au bord oriental du Nil, au pied de ces hauts rochers, qui viennent tout près de l'eau.

Jeudi, 7 février. Dès que la lune fut levée, nous mîmes à la voile ; et, à sept heures du matin, nous arrivâmes devant

Q 3

MESCHIE.

Un marchand grec vint nous demander passage , mais comme nous n'avions guère de place de reste , nous le lui refusâmes. Néanmoins il ne laissa pas de faire embarquer ses effets ; car il s'entendoit avec notre Raïs , qui nous avoit réjoints. Nous fûmes indignés de ce procédé ; et nous fîmes ôter de la barque , le bagage du Grec. Il ne s'en tint pas là. Il s'adressa au Caimakan , qui vint à bord nous prier de recevoir cet homme. Nous demeurâmes fermes , refusant toutefois le plus honnêtement possible. Quand le Caimakan vit qu'il n'obtenoit rien par prières , il commença à parler haut ; et ne gagnant pas davantage par-là, il en vint aux menaces, disant qu'il nous joueroit des tours, qui nous feroient repentir de l'avoir refusé. Nous nous en moquâmes. Nous n'étions plus à Derri ; et un si petit officier n'étoit pas fait pour nous intimider.

A huit heures du soir, le prince d'Achmiin arriva dans une barque, suivie de six autres. Il ne s'arrêta guère ; et au bout de quelque temps, il partit comme il étoit venu, c'est-à-dire, au bruit des timballes qu'il avoit à bord. Nous le suivîmes de fort près ; et, un peu avant minuit, nous arrivâmes à

A C H M I I N.

Nous y attachâmes la barque, pour reprendre nos pères, qui s'y étoient rendus par terre , dès le matin.

Le vendredi , 14 février , ils nous rejoignirent , de bonne heure. Le procureur du prince , et plusieurs autres chrétiens romains , les accompagnèrent jusqu'à la barque. Ceux-ci nous firent plusieurs petits présens, consistant en pain, en dattes, en eau–de–vie , qu'on tire du même fruit. Nous leur donnâmes en revanche des images , des chapelets de Jérusalem, et d'autres bagatelles , qui leur firent plaisir.

Nous prîmes congé d'eux , et nous partîmes par un très - beau temps , qui dura jusqu'à cinq heures du soir. Le vent se leva alors , et devint très-fort. Cela nous fit mettre à terre , à

MORAGA.

Le Nil avoit emporté la moitié
de ce village. Comme cet accident
étoit arrivé dans l'année, le Raïs
ne savoit pas que les ruines avoient
formé plusieurs bancs dans le Nil.
Lorsque, au bout de quelques heures, nous mîmes à la rame, nous
donnâmes sur un de ces bancs. Nos
gens essayèrent d'abord de dégager la barque ; mais quand ils vi-
rent que leurs efforts étoient inu-
tiles, ils allèrent se coucher.

Vis-à-vis de Maraga, les montagnes s'approchent très-près du
fleuve ; et l'on y voit quantité de
grottes.

Samedi, 15 février. Dès la pointe
du jour, nos gens se jetèrent à la

nage pour gagner la terre, afin de retirer notre barque, au moyen d'une corde, ils y réussirent. Nous fîmes route alors, et nous eûmes bientôt passé.

REJEYNA.

Le Raïs étoit convenu avec moi, qu'il s'arrêteroit à

GAU SCHERKIE.

Je voulois y voir un ancien temple : mais l'imprudence de nos matelots me frustra de mon espérance. Les habitans de divers villages, situés le long du Nil, ont un sobriquet, dont on se sert pour les railler. En approchant de Gau Scherkie, nos rameurs raillèrent de cette sorte quelques habitans du lieu,

qu'ils apercevoient au bord du Nil.
Ceux-ci, piqués de l'insulte, en appelèrent d'autres ; et en moins de rien , il parut au bord du fleuve , plus de cinquante Arabes, armés de bons bâtons. Ils nous invitèrent à descendre chez eux , et ils nous dirent tout net de quelle manière ils avoient intention de nous recevoir. Nos rameurs , qui ne trouvoient pas la partie égale , ne voulurent jamais y mettre à terre. Je ne les pressai pas non plus de le faire. Je n'avois pas grande envie de me mêler de leur querelle. Nous passâmes donc au-delà , et nous arrivâmes de nuit à

NECHCHYLE.

Nous essayâmes presque aussitôt

d'en partir. Mais nous ne connoissions pas le fond du Nil. Il avoit changé cette année. Nous donnâmes d'abord sur quelques pierres, et peu après sur d'autres. Nous nous en dégageâmes néanmoins; et pour éviter de pareils mouvemens, ou peut-être quelque malheur plus grand, nous jetâmes le grapin, à environ un quart de lieue de là, afin d'y attendre que le jour vînt.

Dimanche, 16 février. Nous partîmes dès que le jour commença à paroître. Nous fîmes route, et nous passâmes devant

CATEA.

Nous remarquâmes que presque la moitié de ce village avoit été emportée par le Nil, cette même année.

née. Nous apercevions en quelques endroits les cimes des palmiers et les toits des maisons qui perçoient au-dessus de l'eau. Il paroît que les Arabes ne se soucient pas beaucoup de la perte de leurs maisons. Il n'en est pas de même des terres que le fleuve leur enlève, et qu'il va porter ailleurs, ils les regrettent beaucoup ; et cela cause de grands procès, et quelquefois même des guerres entre leurs princes.

A dix heures du matin, nous arrivâmes à

S I O U T H.

Il devoit s'y tenir un bazar ou marché). Nous y allâmes ; mais il étoit encore de trop bonne heure. Le temps d'ailleurs étoit trop beau

Tome III. R.

pour le perdre. Nous retournâmes donc sur nos pas; et nous fîmes mettre au large.

Au soleil couchant, nous nous trouvâmes entre deux îles, où le passage est assez dangereux, tant à cause du courant qui s'y trouve très-fort, que parce qu'il s'y rencontre plusieurs bancs de sable. Nous y vîmes une barque, qui avoit péri depuis peu.

A dix heures du soir nous étions près de

MONFALOUTH.

Dès que la douane nous aperçut, elle tira un coup de fusil, pour nous avertir de mettre à terre.

Lundi, 17 février. Le matin, les

droits de la douane étant payés, nous mîmes au large.

STABLEANTOR.

Le Raïs craignoit les habitans de ce lieu, qui sont renommés pour leur piraterie. Nous le passâmes néanmoins sans que personne nous dît mot ; et à onze heures du soir, nous mîmes à terre au bord occidental du Nil, près de

NEZLET ELL RARAMOU.

Nous vîmes, en cet endroit, plus de trente barques, qui attendoient le jour pour passer devant Stableantor.

Mardi, 18 février. Dès la pointe du jour, nous mîmes au large, et nous continuâmes notre route. Vers dix heures, nous passâmes devant

SCHECH ABADÉ.

C'est dans cet endroit qu'étoit autrefois la ville d'Antinopolis. Il en reste quelques édifices. Nous les aperçûmes en partie de la barque; mais il n'y avoit pas moyen de mettre à terre. Nous passâmes à la gauche de l'île de

ELL MOTTA GHARA.

Cette île est vis-à-vis d'un territoire de même nom, qui a tout le long du Nil, un beau bosquet, dont le fleuve avoit néanmoins emporté une grande partie cette année. Nous vîmes plusieurs grottes pratiquées dans les montagnes. Il y en a qui

ont de grandes portes , par lesquelles on y entre. Le soir , à huit
heures , nous nous arrêtâmes devant le village de

SAHOUADA.

Ce village est situé sur la rive
orientale du fleuve.

Mercredi, 19 février. Lorsque le
jour se leva , nous traversâmes le
Nil, pour nous rendre à

MENIE.

Quand nous arrivâmes dans ce
lieu, il faisóit un brouillard, si épais,
qu'on ne pouvoit rien apercevoir
de trente pas. Nous mîmes pied à
terre pour voir la ville , qui est
maintenant défendue contre les dé-
bordemens du Nil, par une bonne

digue de pierres. Cette digue n'é-
toit achevée que depuis quelque
temps.

En reprenant notre route, nous
passâmes devant le couvent de

Ste. MARTHE.

Ce couvent est situé sur le som-
met d'une montagne. Nous y vîmes
des milliers de cormorans, et une
grande quantité de poules de Pharaon. Au nord, et assez près, il paroît qu'il y a des ruines d'une ville
entière, qui avoit été creusée dans le
roc.

Jeudi, 20 février. Nous fîmes
bonne route à la faveur d'un grand
calme.

Vendredi, 21. Nous mîmes au

large, de grand matin, et nous allâmes encore rapidement : mais en
approchant de Benesoef, nous nous
trouvâmes embarrassés au milieu
d'une petite flotte de barques, chargées de blé pour le Caire. Quelques-
unes de ces barques étoient engra-
vées ; et il nous en seroit arrivé de
même, si nous n'avions trouvé le
moyen de gagner le courant, qui
nous conduisit bientôt à

BENESOEF.

Il nous fallut mettre à terre dans
cet endroit, pour y payer vingt-
cinq parats, somme que l'on exige
de chaque barque. Nous n'y restâmes qu'une heure, après quoi nous
continuâmes notre route.

Samedi, 22 février. Nous par-

tîmes avec le jour, et nous arrivâmes à midi, à

SAUVIED ELL MASLOUB.

Le Caïmakan étoit de notre con-
noissance. Nous envoyâmes pour le
saluer; mais nous apprîmes qu'il
avoit depuis quelque temps quitté
cet endroit, avec sa famille, et
qu'il s'étoit rendu au Caire, pour se
mettre au service d'Osman Bey, qui
devoit conduire la caravane de la
Mecque. Nous remîmes donc à la
voile, et nous passâmes les sept îles.
Nous approchâmes de la terre, dans
un endroit d'où l'on voyoit de très-
près les pyramides de Saccara. Nous
continuâmes ensuite à faire route,
jusqu'à neuf heures du soir, que la
barque donna rudement sur des

pierres, où elle demeura fixée. On essaya en vain de la dégager : mais vers minuit, elle se débarrassa d'elle-même. Nous mouillâmes à une petite distance de là, vis-à-vis de

COFFERLOGAD.

Dimanche, 23 février. Nous prîmes de grand matin les rames, et nous fîmes beaucoup de chemin, jusqu'à midi, que le vent devint très-fort. Nous engravâmes à la vue du Caire. Malgré tous nos efforts, nous ne pûmes mettre la barque à flot, que vers le soir. Nous gagnâmes alors dans peu le Vieux Caire, où nous attachâmes dans l'endroit d'où nous étions partis, le 18 novembre de l'année précédente. Nous envoyâmes aussitôt donner avis de notre arrivée au Caire, afin qu'on vînt nous prendre le lendemain.

Lundi, 24 février. Ce jour-là, en effet, nous fûmes pourvus d'une quantité suffisante de chameaux, pour nous conduire à la ville, avec notre bagage.

FIN DU TROISIÈME ET DERNIER VOLUME.

DE L'IMPRIMERIE DE G. MUNIER.

AVIS DE L'ÉDITEUR.

Nous avons pensé que ce seroit rendre service au Public, et particulièrement aux Artistes, que de leur offrir dans un format agréable et commode, la relation de ce Voyage. Norden est de tous les voyageurs, celui qui a vu, le plus en détail, les magnifiques restes de l'antiquité, qui couvrent, pour ainsi dire, le sol de la haute et de la basse Egypte. Son goût pour le dessin les lui faisoit rechercher avec soin, et la perfection avec laquelle il excelloit dans cet art, les lui faisoit rendre avec autant de vérité que de grace. La munificence de son souverain, le roi de Danemarck, Christiern VI, aux frais duquel il voyageoit, et qui l'éleva dans la suite, au grade de capitaine de vaisseau, lui fournit les moyens d'aplanir les difficultés qui naissent à chaque pas dans un pays presque barbare, et en proie à toutes sortes de dissentions.

Ce Voyage forme la suite naturelle de celui de M. Bruce, aux Sources du Nil, déja publié. L'exécution en est absolument la même, tant pour tout ce qui concerne l'impression que pour les planches; et la carte de l'un commençant où finit celle de l'autre, complète entièrement le cours du fleuve le plus fameux de l'univers.

La troisième livraison de cette Bibliothèque,

bliothèque sera composée d'une nouvelle traduction des trois Voyages autour du monde du capitaine Cook, en douze volumes même format que Bruce et Norden, ornés de trois volumes de figures et cartes géographiques gravées par le même artiste.

www.ingramcontent.com/pod-product-compliance
Lightning Source LLC
Chambersburg PA
CBHW071946090426
42740CB00011B/1836